FUSIONS INTERNATIONALES ET POLITIQUE DE CONCURRENCE

ORGANISATION DE COOPÉRATION ET DE DÉVELOPPEMENT ÉCONOMIQUES

Le Comité du droit et de la politique de la concurrence a déjà publié un certain nombre de rapports traitant en détail des fusions et de la concentration, y compris des entreprises communes (1). Etant donné l'internationalisation croissante de l'activité en matière de fusions ces dernières années, le Comité a jugé utile d'élaborer un rapport centré sur les problèmes pratiques posés, lors de la mise en oeuvre du contrôle des fusions, par l'existence d'aspects internationaux dans une affaire donnée (2). Ces problèmes résultent parfois de la nature même des droits nationaux mais les principaux sont plutôt liés à des difficultés pratiques d'application du droit au jour le jour, par exemple pour définir le marché de référence ou choisir les mesures correctives les mieux adaptées à un cas donné. Le présent rapport est donc centré sur ces problèmes spécifiques et n'a pas pour objet de fournir une analyse exhaustive des politiques menées à l'égard des fusions car elles ont déjà fait l'objet d'un rapport publié en 1984.

Aux fins de cette étude, le terme "fusions internationales" doit être compris comme recouvrant : (i) l'acquisition d'une société étrangère par une société nationale ; (ii) l'acquisition d'une société nationale par une société étrangère ; (iii) la fusion, à l'étranger, de deux sociétés complètement étrangères mais pouvant avoir un effet sur le marché national. En outre, sont également discutés certains aspects internationaux qui sont importants pour la définition du marché de référence lors de l'examen des fusions, quelles soient nationales ou étrangères. Excepté lorsqu'une indication contraire est fournie, le terme "fusion" est considéré comme incluant à la fois les fusions et les prises de contrôle et il s'applique à toutes les fusions, de quelque manière qu'elles soient réalisées (3).

Le rapport est divisé en quatre chapitres :

-- Le chapitre 1 décrit les tendances récentes de l'activité en matière de fusion internationale. Il résume également des éléments de discussion sur les déterminants et effets des fusions internationales ;

-- Le chapitre 2 donne une vue générale sur les droits et politiques de concurrence applicables aux fusions internationales, en faisant une référence spécifique aux principaux développements récents. Le chapitre contient également une brève description des instruments bilatéraux et multilatéraux qui peuvent être utilisés pour la coopération en matière de concurrence dans le domaine des fusions internationales ;

-- Le chapitre 3 est essentiellement axé sur les deux principaux problèmes de concurrence soulevés dans les affaires de fusions internationales, c'est-à-dire la définition et l'examen du marché de référence et les problèmes de procédure et de compétence qui y sont liés, y compris les mesures correctives applicables ;

-- Le chapitre 4 résume le rapport et présente des conclusions sur la base de l'analyse qui précède.

Également disponibles

DÉRÉGLEMENTATION ET CONCURRENCE DANS LE TRANSPORT AÉRIEN (juin 1988)
(24 88 02 2) ISBN 92-64-23101-3 190 pages   F100.00   £12.00   US$22.00   DM43.00

LE COÛT DES RESTRICTIONS A L'IMPORTATION : L'industrie automobile (janvier 1988)
(24 87 06 2) ISBN 92-64-23037-8 194 pages   F85.00   £8.50   US$18.00   DM36.00

POLITIQUE DE LA CONCURRENCE ET ENTREPRISES COMMUNES (février 1987)
(24 86 03 2) ISBN 92-64-22898-5 124 pages   F65.00   £6.50   US$13.00   DM29.00

POLITIQUE DE LA CONCURRENCE DANS LES PAYS DE L'OCDE

1986-1987 (mai 1988)
(24 88 01 2) ISBN 92-64-23075-0 310 pages   F125.00   £15.00   US$27.50   DM54.00

1985-1986 (octobre 1987)
(24 87 04 2) ISBN 92-64-22970-1 296 pages   F80.00   £8.00   US$17.00   DM34.00

POLITIQUE DE LA CONCURRENCE ET PROFESSIONS LIBÉRALES (février 1985)
(24 85 01 2) ISBN 92-64-22685-0 128 pages   F75.00   £7.50   US$15.00   DM33.00

POLITIQUE A L'ÉGARD DES FUSIONS ET TENDANCES RÉCENTES DES FUSIONS (octobre 1984)
(24 84 06 2) ISBN 92-64-22624-9 142 pages   F63.00   £6.30   US$13.00   DM28.00

POLITIQUE DE LA CONCURRENCE ET DES ÉCHANGES. Leur interaction (octobre 1984)
(24 84 05 2) ISBN 92-64-22625-7 178 pages   F60.00   £6.00   US$12.00   DM27.00

MISE EN ŒUVRE DU DROIT DE LA CONCURRENCE. Coopération internationale pour la collecte de renseignements (mars 1984)
(24 84 01 2) ISBN 92-64-22553-6 136 pages   F60.00   £6.00   US$12.00   DM27.00

Prix de vente au public dans la librairie du Siège de l'OCDE.

LE CATALOGUE DES PUBLICATIONS de l'OCDE et ses suppléments seront envoyés gratuitement sur demande adressée soit au Service des Publications de l'OCDE 2, rue André-Pascal, 75775 PARIS CEDEX 16, soit au distributeur des publications de l'OCDE dans votre pays.

TABLE DES MATIERES

CHAPITRE 1

TENDANCES, DETERMINANTS ET EFFETS DES FUSIONS INTERNATIONALES

Le rapport de 1984 sur les politiques à l'égard des fusions et les tendances récentes des fusions examine celles-ci de façon détaillée, y compris lorsqu'elles sont internationales (4). La section ci-dessous donne donc un simple aperçu des principaux développements qui sont intervenus depuis sa publication. Il faut bien reconnaître que les statistiques demeurent fragmentaires, spécialement dans les pays dépourvus de contrôle des fusions ou de procédures de notification des fusions. En outre, dans certains pays, seules les acquisitions étrangères sur le territoire national sont enregistrées si bien que les informations sur les acquisitions à l'étranger ne sont parfois pas clairement séparées de celles relatives aux autres types d'investissements.

I. TENDANCES RECENTES DES FUSIONS INTERNATIONALES

Les données disponibles montrent qu'une part importante de l'activité en matière de fusions dans les pays de l'OCDE implique une société étrangère soit en position d'acquéreuse soit comme cible de l'acquisition. Cette proportion est particulièrement élevée au Canada où, en 1986, les acquisitions par des sociétés étrangères d'entreprises canadiennes (recensées dans la presse financière) ont représenté à elles seules environ 70 pour cent de l'ensemble des acquisitions. Dans d'autres pays, cette proportion varie entre 8 pour cent (Pays-Bas), 21 pour cent (Danemark : acquisitions par des sociétés étrangères) et 33 pour cent (Royaume-Uni). Aux Etats-Unis, les fusions internationales (acquisitions de l'étranger ou à l'étranger) ont représenté, en 1985, 14 pour cent des transactions (mesurées en valeur). En Allemagne, pays dans lequel les acquisitions réalisées à l'étranger par des entreprises allemandes sont également enregistrées, la proportion de fusions étrangères s'est élevée, en 1986, à 43 pour cent (16 pour cent réalisées à l'étranger et 27 pour cent organisées sur le territoire national mais avec une implication étrangère). Pour les pays de la CEE dans leur ensemble, les chiffres disponibles pour 1985/1986 montrent que les fusions et acquisitions étrangères ont représenté plus du tiers de toutes les opérations de ce type. La proportion entre fusions étrangères et fusions nationales paraît tendre soit à la stabilité soit à l'accroissement dans tous les pays pour lesquels des données existent.

A. FUSIONS INTERNATIONALES : ACTIVITE D'ENSEMBLE

Aux Etats-Unis, l'activité en matière de fusion et d'acquisition s'est accrue de façon significative de 1984 à 1986. En 1984, 3 144 opérations ont été réalisées. Ce chiffre est passé ensuite en 1985 à 3 397 et, en 1986, à 4 024. En 1985, la proportion de fusions internationales (sociétés non américaines acquérant des sociétés américaines et sociétés américaines acquérant des sociétés non américaines) a été de 11.6 pour cent si l'on se réfère au nombre global de transactions et de 13.9 pour cent si l'on se fonde sur leur valeur (5). Cette proportion est restée stable en 1986 (12 pour cent en nombre et 13 pour cent en valeur) (6).

Au Japon, la Fair Trade Commission ne soumet à enregistrement que les acquisitions d'entreprises japonaises par des sociétés étrangères. Parmi ces acquisitions, on trouve un faible nombre de fusions internationales pour les opérations relativement importantes (fusions d'entreprises dont le total des actifs après fusion excède 200 millions de dollars et acquisitions dans lesquelles le total des actifs de chacune des parties concernées a été supérieur à ce montant en 1984 et 1985) (7) : en 1984, seule une des 30 fusions enregistrées a eu un caractère international. Les chiffres correspondants pour 1985 sont aucune et vingt-sept. En ce qui concerne les acquisitions, les chiffres ont été respectivement de une sur trente en 1984 et quatre sur cinquante en 1985.

Les données canadiennes couvrent à la fois les flux d'investissement directs étrangers et les acquisitions et fusions (8). Elles montrent clairement que l'industrialisation au Canada s'est traditionnellement fondée, de façon importante, sur les capitaux étrangers. Cependant, depuis 1965, les sorties de capitaux ont dépassé les entrées de capitaux. De 1965 à 1978, les taux de croissance respectifs ont été de 7.9 pour cent et 5.2 pour cent. En ce qui concerne les acquisitions étrangères au Canada, environ 4 000 notifications d'acquisitions d'entreprises canadiennes ont été reçues d'avril 1974 à juin 1985, au titre du Foreign Investment Review Act (FIRA) et, en 1986, les acquisitions étrangères enregistrées ont représenté environ 70 pour cent de l'ensemble des acquisitions (selon les données répertoriées dans la presse financière). Cette proportion, qui était de 38 pour cent en moyenne de 1960 à 1970, a augmenté d'un peu plus de 40 pour cent en 1975 à 57 pour cent en 1980. Depuis lors, cette proportion augmente à peu près régulièrement (excepté en 1981 où elle s'est établie à 41 pour cent). En outre, durant les vingt-cinq dernières années, le nombre d'acquisitions étrangères a été multiplié par sept alors que le nombre d'acquisitions sur le territoire canadien n'a été multiplié que par trois (9).

En Suisse, selon des statistiques non officielles couvrant la période 1973-1985, une moyenne de 69 fusions et acquisitions a été réalisée annuellement entre 1973 et 1979, alors que, durant la période 1980-1985, ce chiffre a augmenté pour s'établir, en moyenne annuelle, à 184 (10). Ces données montrent une croissance importante de l'activité générale en matière de fusions. Les données correspondantes pour les entreprises communes sont de 14 (1973-1979) et 33 (1980-1985). Environ 33 pour cent de toutes les opérations enregistrées avaient des aspects internationaux (597 opérations).

Au Danemark, en 1986, 28 entreprises danoises ont été rachetées par des entreprises étrangères, soit 21 pour cent de toutes les fusions et acquisitions réalisées (11). Comparés aux chiffres de 1984 (41 acquisitions), les chiffres de 1985 et 1986 montrent une baisse du nombre d'acquisitions étrangères mais une augmentation en termes de chiffre d'affaires global et de nombre d'employés concernés.

En France, 445 opérations de fusion ont été recensées entre le 1er septembre 1985 et le 31 aout 1986. Sur ce nombre, 66 opérations impliquaient une entreprise d'un autre pays de la CEE (soit 15 pour cent) et 97 une entreprise étrangère hors CEE (soit 22 pour cent). De septembre 1986 à décembre 1987, 768 opérations de concentration ont été recensées. Parmi elles, on dénombre 108 opérations concernant une entreprise de la CEE (soit 14 pour cent) et 151 une entreprise étrangère hors CEE (soit 20 pour cent). On relève, par conséquent, une quasi-stabilisation de la part des opérations initiées par des entreprises étrangères : celles-ci représentent un peu plus du tiers des opérations. En revanche, le nombre global des fusions, ramené sur une période annuelle, a augmenté de 20 pour cent en 1986 et de 30 pour cent en 1987. Les investissements étrangers ont donc suivi le mouvement général de concentration constaté depuis 1985.

En Allemagne, une répartition détaillée est publiée chaque année sur la base des notifications enregistrées. Une distinction est faite, parmi les fusions notifiées, entre celles réalisées sur le territoire national (84 pour cent en 1986 et, parmi celles-ci, 57 pour cent sans aucune implication étrangère) et celles réalisées à l'étranger (16 pour cent). Il convient de souligner que 10 pour cent des fusions notifiées n'ont pas de rattachement direct avec le territoire national mais qu'elles sont cependant notifiables en raison de leurs effets sur le marché national. Si l'on compare les chiffres de 1986 avec ceux des années précédentes, la proportion des fusions réalisées à l'étranger est demeurée à peu près inchangée depuis 1984, année durant laquelle elle a été de 15 pour cent (11 pour cent en 1983) (12).

Aux Pays-Bas, 31 fusions ont été réalisées, en 1986, entre des entreprises néerlandaises et étrangères (environ 8 pour cent du total du nombre total des fusions contre 10 pour cent en 1984 et 9 pour cent en 1985). Cette légère diminution peut s'expliquer comme suit : le nombre de fusions nationales a augmenté de 31 pour cent entre 1985 et 1986 alors que les fusions étrangères augmentaient seulement de 0.3 pour cent (13).

Au Royaume-Uni, durant la période 1984-1986, les fusions étrangères réunissant les conditions pour être soumises au contrôle du Fair Trading Act (fusions impliquant une société étrangère faisant l'objet d'une acquisition ainsi que fusions impliquant une société étrangère acquéreuse) représentaient plus du tiers de toutes les fusions réalisées (14). Le nombre de ces fusions a tendu à fluctuer à peu près dans la même proportion que le nombre total de fusions durant cette période. En effet, la réduction de 26 pour cent du total des fusions, entre 1984 et 1985, s'est accompagnée d'une diminution de 21 pour cent des fusions étrangères, et à une croissance de 63 pour cent du total des fusions, en 1986, a correspondu un accroissement de 58 pour cent des fusions étrangères. En outre, de 1981 à 1986, le nombre de fusions impliquant une société étrangère acquéreuse a toujours été supérieur à celui du nombre de fusions impliquant une société étrangère faisant l'objet de l'acquisition (en 1986, respectivement 64 et 45). Enfin, il est intéressant de noter que, sur la période 1981 à 1986, en moyenne seulement 1.6 pour cent des fusions étrangères réunissant les conditions du contrôle ont été transmises à la MMC.

Dans les Communautés Européennes, des informations annuelles sont disponibles. Elles sont fondées sur le dépouillement de la presse financière et couvrent les opérations impliquant au moins une des 1 000 plus grandes entreprises de la Communauté (15). Les chiffres sont séparés en trois catégories : (a) fusions et acquisitions de participation majoritaire ;

(b) acquisitions de participation minoritaire et (c) entreprises communes. Ils distinguent également entre opérations nationales, intra-communautaires et internationales. En 1985-1986, le nombre total de fusions, toutes catégories confondues, a augmenté fortement pour s'établir à 561 (comparé à 480 en 1984-1985), et les opérations internationales ainsi que les opérations entre pays de la Communauté ont représenté respectivement une part de 18 et 21 pour cent de ce total. Si l'on considère uniquement les fusions et acquisitions de participation majoritaire internationales et intra-communautaires, elles ont représenté plus du tiers de toutes les opérations de cette catégorie. Il convient d'observer que, en 1984-1985 et 1985-1986, le nombre d'opérations intra-communautaires du type (a) a été supérieur au nombre d'opérations internationales de ce même type. De 1985 à 1986, la tendance vers une internationalisation des liens réalisés par les firmes européennes a été confirmée : il s'est produit une forte augmentation du nombre de fusions et d'acquisitions de participation majoritaire et minoritaire entre sociétés européennes et non européennes (la hausse a été supérieure à 50 pour cent ; 22 opérations en 1985 et 43 en 1986). D'autre part, le nombre d'entreprises communes étrangères est resté à peu près stable.

B. REPARTITION SECTORIELLE

Les informations qui suivent portent sur six pays (Canada, Danemark, France, Pays-Bas, Royaume-Uni et Etats-Unis) ainsi que sur la Communauté Européenne. Elles montrent que, à l'exception du Canada et des Etats-Unis, la majorité des fusions étrangères a été généralement réalisée dans l'industrie manufacturière, avec une tendance croissante dans le secteur des services.

D'avril 1974 à juin 1985, les notifications contrôlables au titre de la loi canadienne FIRA ont été faites, en majorité, dans le secteur des services (51 pour cent) puis dans l'industrie manufacturière (43 pour cent) et dans le secteur des ressources naturelles (6 pour cent). Au Danemark, cependant, la majorité des fusions étrangères a été réalisée dans l'industrie manufacturière (16). Les statistiques disponibles sur les Pays-Bas montrent que les fusions internationales se sont déroulées dans un certain nombre de secteurs, un quart d'entre elles étant intervenues dans celui des services (17).

En France, les sociétés étrangères ont joué un rôle parfois important dans le processus de concentration observé dans certains secteurs de l'économie nationale. Ainsi, si l'on considère les quatre secteurs industriels les plus intensément touchés par les concentrations en 1986 et 1987 (biens intermédiaires, biens d'équipement, biens de consommation courante et industries agro-alimentaires), on constate que plus de 40 pour cent des opérations mettent en cause des sociétés ou groupes étrangers. On note, par ailleurs, que les opérations d'origine étrangère se sont accélérées en, 1987, dans certains secteurs tels que celui des biens de consommation courante où elles représentent 45 pour cent du nombre total recensé pour le secteur (au lieu de 38 pour cent en 1985-1986) ou celui, quoique dans une moindre mesure, des industries agro-alimentaires (38 pour cent d'opérations étrangères contre 34 pour cent pendant la période précédente), en raison de l'intérêt porté par les grands groupes internationaux aux produits de marque. Les services marchands, le commerce, le bâtiment-travaux publics sont les secteurs qui ont le moins suscité l'intérêt des investisseurs étrangers.

Au Royaume-Uni, la majorité des fusions impliquant l'achat d'une société étrangère a été réalisée dans le secteur manufacturier (66 pour cent), 28 pour cent dans le secteur des services et 6 pour cent dans le secteur des ressources naturelles. Les chiffres correspondants pour les fusions impliquant une société étrangère acquéreuse ont été respectivement de 57 pour cent, 35 pour cent et 5 pour cent (une fusion a été réalisée dans le secteur de la distribution) (18).

Aux Etats-Unis, en 1986, si l'on se fonde sur le nombre des transactions enregistrées, les cinq premiers secteurs faisant l'objet d'investissements étrangers ont été : les machines-outils [31 transactions], les biens électriques et électroniques [27], l'assurance [21], l'impression et l'édition [20] et les services professionnels [19]. Les cinq premiers secteurs ayant attiré à l'étranger des acheteurs américains ont été, en 1986 : machines-outils [16], produits chimiques et alliages [15], commerce de gros et de détail [11], appareillages électriques et électroniques [10] et équipements de transport [7]. Dans les deux types de situation, un peu plus d'un tiers des transactions a été réalisé dans cinq secteurs, mais le reste des transactions a été effectué dans un nombre important de secteurs différents [20] (19). Selon les informations fondées sur la valeur des transactions, les cinq premiers secteurs d'investissements étrangers aux Etats-Unis ont été : communication (2 445.7 millions de dollars) ; machines-outils (sauf électrique) ; impression et édition ; alimentation et assimilés ; pierres, argiles, verre et béton. A l'inverse, les cinq premiers secteurs d'acquisitions de sociétés étrangères par des sociétés américaines ont été : alimentation et assimilés (246 millions de dollars), papiers et produits à base de papier, machines électriques et électroniques, équipements de transports, commerce d'alimentation (20).

Dans la Communauté Européenne, près de 80 pour cent des 217 opérations étrangères (21) ont été réalisées en 1985-1986 dans l'industrie manufacturière. Ce pourcentage est pratiquement identique à celui des opérations purement nationales. Ces opérations étrangères ont représenté respectivement 14, 4 et 3 pour cent des secteurs bancaire, de la distribution et de l'assurance (pour les opérations nationales, respectivement 9, 11 et 3 pour cent). Le nombre des opérations intra-communautaires est généralement supérieur à celui des opérations internationales, excepté dans le secteur des assurances (3 contre 4) et dans le secteur bancaire pour lequel le nombre de fusions impliquant des banques de la CEE et hors-CEE [17] est supérieur à celui des fusions entre banques situées dans les pays de la CEE [13] (22).

C. REPARTITION GEOGRAPHIQUE

Parmi les candidatures à l'acquisition d'entreprises canadiennes qui ont fait l'objet d'une enquête, celles d'acquéreurs situés aux Etats-Unis ont été les plus fréquentes (65 pour cent) suivies de celles des acquéreurs implantés en Europe de l'Ouest (29 pour cent) et dans d'autres pays (6 pour cent). Quarante-neuf pour cent impliquaient des sociétés acquéreuses sous contrôle canadien alors que les 51 pour cent restantes étaient déjà sous contrôle étranger.

Il existe également des informations sur les pays les plus actifs en matière d'acquisition aux Etats-Unis. En 1986, 70 pour cent des transactions ont impliqué des sociétés de cinq pays : Royaume-Uni (33 pour cent), Canada

(19 pour cent), Japon (7 pour cent), Hong-Kong (6 pour cent) et Suède (5 pour cent). A l'inverse, 73 pour cent des opérations américaines ont été réalisées dans cinq pays seulement : Canada (25 pour cent), Royaume-Uni (24 pour cent), Allemagne (9 pour cent), Australie (8 pour cent) et France (7 pour cent) (23).

Quarante-sept pour cent des investissements directs étrangers par des sociétés japonaises ont été réalisés en Amérique du Nord. A la fin de 1986, 242 entreprises manufacturières japonaises étaient implantées en Europe, particulièrement au Royaume-Uni [53], en Allemagne [45] et en France [33]. Le nombre d'employés concernés s'élevait à environ 70 000 (24).

En 1986, les pays les plus actifs en matière d'acquisitions en France ont été, par ordre décroissant : i) pour la CEE, l'Allemagne, l'Italie, la Belgique, le Royaume-Uni et les Pays-Bas ; ii) pour les pays hors CEE, les Etats-Unis, le Japon et l'Europe du Nord. En 1987, les entreprises américaines sont restées très offensives : elles sont, en effet, à l'origine de près de quarante-sept pour cent des opérations concernant une entreprise française et une entreprise hors CEE dans les trois secteurs les plus touchés par les concentrations (biens intermédiaires, biens d'équipement, biens de consommation). Les opérations concernant une entreprise française et une entreprise émanant d'un autre pays de la CEE ont été dominées, en 1987, par l'Allemagne (34 pour cent) et le Royaume-Uni (24 pour cent) pour ces mêmes secteurs.

Enfin, près de la moitié des 31 fusions qui sont intervenues, en 1986, entre des entreprises néerlandaises et étrangères ont été réalisées dans le marché commun. Cette part est demeurée relativement stable au cours des dernières années. Onze de ces 31 fusions ont été réalisées avec des sociétés implantées aux Etats-Unis et 5 dans d'autres pays (25).

D. REPARTITION PAR TAILLE D'ENTREPRISE ET D'ACQUISITION

L'étude de l'OCDE sur les tendances récentes des investissements directs internationaux a montré que, durant les années soixante-dix, il est apparu une tendance croissante à l'internationalisation des petites et moyennes entreprises et à leur engagement dans des investissements directs internationaux. Toutefois, les 500 plus grandes sociétés multinationales contrôlent encore environ 80 pour cent de la totalité des filiales à l'étranger et de leur production étrangère. L'étude montre également que les petites et moyennes entreprises qui emploient moins de 500 salariés représentaient environ 20 pour cent des investissements allemands à l'étranger, et environ 5 pour cent des investissements britanniques à l'étranger à la fin des années soixante-dix et au début des années quatre-vingt (26).

Au Canada, en 1981, environ 38 pour cent des investissements canadiens à l'étranger étaient le fait de petites et moyennes entreprises. Au Danemark, les acquisitions d'entreprises danoises par des sociétés étrangères ont représenté seulement un cinquième de l'ensemble des opérations mais la moitié en terme de chiffre d'affaires et impliqué un tiers des salariés de toutes les entreprises impliquées dans ces acquisitions (27). En Suisse, la grande majorité des fusions internationales concerne des grandes sociétés actives à l'échelon international. Selon des statistiques non officielles, dans 322 des 597 cas de fusions répertoriées on retrouve les mêmes 30 entreprises acquéreuses (c'est-à-dire 2 pour cent de toutes les sociétés acquéreuses enregistrées) (28).

Entre 1977 et 1983, les investisseurs étrangers ont opéré 179 investissements d'au moins 100 millions de dollars chacune aux Etats-Unis, et 58 de ceux-ci ont excédé les 250 millions de dollars. Cependant, les investissements américains accumulés à l'étranger à la fin de 1983 (226 milliards de dollars) sont restés supérieurs à ceux de tous les investissements étrangers réalisés aux Etats-Unis (135.3 milliards de dollars) (29).

E. FUSIONS DE GRANDE DIMENSION ET OFFRES PUBLIQUES D'ACHAT REJETEES PAR LA DIRECTION DE L'ENTREPRISE-CIBLE

L'examen des informations plus qualitatives qui figurent dans la presse financière de ces dernières années fait apparaître deux nouvelles tendances dans l'activité internationale en matière de fusion : premièrement, une tendance à un accroissement dans la taille des opérations avec l'apparition de fusions de grande dimension ou "mega-fusions" ; deuxièmement, une proportion croissante d'offres publiques d'achat rejetées par la direction de l'entreprise-cible, offres dites "inamicales".

Dans certains pays, les fusions représentent maintenant fréquemment des transactions entre 200 millions et 1 milliard de dollars (30). Dans beaucoup de cas, ces transactions ont eu un caractère congloméral. Dans certains pays, cependant, comme en Allemagne, les fusions de grande dimension réalisées ont été, en majorité, de nature horizontale. Par exemple, des sociétés étrangères ont été impliquées dans des fusions de grande taille avec des sociétés américaines et souvent comme sociétés acquéreuses dans les industries chimiques et alimentaires ainsi que dans le secteur des services (31). Des fusions de grande dimension ont également été annoncées ou réalisées entre sociétés européennes, par exemple dans l'industrie des semi-conducteurs ou dans le secteur du génie électrique (32).

La deuxième tendance que l'on peut discerner dans la presse est un accroissement du nombre de prises de contrôle sans le consentement de la direction de l'entreprise-cible. Dans de nombreux cas, elles visent l'acquisition de sociétés étrangères. Bien que ce mouvement ne soit pas nouveau dans certains pays, notamment aux Etats-Unis et au Royaume-Uni, elles sont devenues de plus en plus fréquentes dans d'autres pays comme l'Australie, la Belgique et la France (33). Cependant, cette voie de prise de contrôle demeure plutôt exceptionnelle dans des pays comme l'Allemagne et le Japon.

II. DETERMINANTS ET EFFETS CONCURRENTIELS DES FUSIONS INTERNATIONALES

A. DETERMINANTS DES FUSIONS INTERNATIONALES

Il ressort des études et recherches disponibles que les fusions internationales partagent la plupart des motivations qui déterminent les investissements et l'activité générale en matière de fusion. Il est, par ailleurs, impossible de discerner des tendances générales quant à la relative importance des divers déterminants (34). Cependant, dans certains cas, les fusions plutôt qu'un premier investissement peuvent constituer le moyen le plus efficace de s'implanter sur un marché car elles permettent de surmonter plus facilement les difficultés liées au manque d'expérience sur les marchés locaux.

Le rapport de l'OCDE de 1974 sur les fusions et la politique de la concurrence a identifié une série de 12 raisons suggérées comme étant les plus fréquentes : accroître la puissance économique ; édifier un empire ; réaliser des bénéfices sur l'opération de fusion ; accroître la production sans diminuer les prix ; acquérir une capacité de production à prix réduits ; réaliser des économies d'échelle réelles ; réaliser des économies d'échelles d'ordre financier ; rationaliser la production ; utiliser des ressources complémentaires ; répartir les risques au moyen d'une diversification ; remettre à flot une entreprise en déconfiture ; ainsi que bénéficier d'avantages fiscaux.

Le rapport de 1974 a identifié des motivations additionnelles pour les fusions internationales qui représentent pour l'entreprise étrangère qui procède à l'investissement une extension horizontale, verticale ou diversifiée, de ses activités actuelles. Entre autres facteurs, les fusions horizontales peuvent être encouragées par le désir de pénétrer sur des marchés protégés, les fusions verticales par des coûts de production moins élevés et les deux types de fusions par des incitations financières de l'Etat. L'extension horizontale s'explique du fait que l'entreprise acquéreuse possède un actif spécifique, par exemple une invention brevetée ou un produit différencié qui peut être exploité avec succès sur un marché extérieur à faibles coûts ou sans coût supplémentaire pour elle et qui nécessite une production locale (35).

Le seizième rapport sur la politique de concurrence de la Commission des Communautés Européennes (36) fournit également la liste d'une série de motifs mentionnés, en 1985-1986, par des dirigeants d'entreprises candidates à des fusions ou à l'acquisition de participations majoritaires. Ces motifs sont les suivants, classés du plus au moins souvent mentionné : rationalisation [56] ; expansion [29] ; complémentarité [23] ; diversification [20] ; renforcement de la position sur le marché [18] ; recherche et développement [4] ; spécialisation [3] ; autres et non précisés [73]. Cependant, cette liste ne fait état que des motifs reconnus. En fait, la catégorie "autres et non précisés" semble masquer certaines des raisons les plus pertinentes pour l'activité de fusions, par exemple le fait que les fusions sont d'abord réalisées pour maximiser les profits. Parmi les autres motivations possibles se trouvent certainement aussi le rachat de l'entreprise pour obtenir ses brevets et son savoir-faire ou l'achat d'actions sous-cotées pour des raisons purement financières. Enfin, il convient de noter qu'un certain nombre de ces motivations seraient également pertinentes dans le contexte des entreprises communes internationales, comme le montre le rapport du Comité publié en 1986 (37).

Selon une source suisse (38), une autre raison importante qui explique l'accroissement de l'activité en matière de fusions réside dans le rapide processus de maturation des nouvelles technologies. Comme les procédés de production et les produits deviennent obsolètes de plus en plus rapidement et qu'il faut les remplacer au prix d'investissements en capital très lourds, une entreprise isolée peut ne pas avoir la capacité financière ni être capable de réaliser seule les économies d'échelle correspondant à ces investissements en capital. Les frais de recherche et de développement progressent également de façon constante et il peut être profitable de les partager avec une autre entreprise, souvent dans le cadre d'une entreprise commune ou, peut être moins fréquemment, par voie d'acquisition. Une troisième raison peut être l'amélioration de la pénétration sur le marché. Une quatrième raison mentionnée dans l'étude est le besoin de diversifier les productions afin de partager les risques entre les différents marchés.

En outre, les entreprises situées dans des petits pays et qui ont des marchés nationaux limités peuvent avoir des considérations spécifiques. Ces entreprises ne peuvent assurer leur croissance qu'en étendant leurs activités aux marchés étrangers et avoir assez fréquemment recours à des acquisitions pour pouvoir entrer sur ces marchés.

B. EFFETS DES FUSIONS INTERNATIONALES

Un certain nombre d'études économiques ont été réalisées sur les effets des fusions sur leur performance après fusion. Certaines de ces études ont traité également des aspects internationaux des fusions (39). Le rapport de l'OCDE de 1984 observait que la plupart de ces recherches demeuraient sans conclusion définitive (40). Un symposium sur les offres publiques d'achat (OPA) qui s'est déroulé plus récemment a également reflété ce manque de consensus (41). Il n'existe pas d'éléments d'information qui conduisent à penser que l'évaluation des fusions internationales devrait se faire différemment de celle mise en oeuvre pour les fusions purement nationales.

Cependant, les fusions internationales peuvent produire des effets pro-concurrentiels spécifiques car elles peuvent être un moyen d'introduire une concurrence nouvelle et stimulante, particulièrement lorsque l'entreprise rachetée est petite et sert à poser les premiers jalons sur un marché ("foothold company"). En outre, les entreprises multinationales peuvent partager et coordonner leurs activités efficacement entre les pays dans lesquels leurs filiales opèrent, en utilisant les avantages comparatifs des différents pays hôtes et en contraignant les producteurs nationaux à parvenir à une meilleure efficacité. Scherer a insisté sur l'exemple fourni par des marchés intérieurs oligopolistiques sur lesquels les obstacles à l'accès opposés à des concurrents locaux potentiels sont élevés et sur lesquels les producteurs étrangers peuvent représenter la seule source importante de concurrence réelle et potentielle (42).

Les entreprises communes internationales peuvent aussi produire divers effets bénéfiques. Tout d'abord, les entreprises communes peuvent permettre à des entreprises qui, autrement, ne seraient pas désireuses ou capables de supporter les coûts et les risques supplémentaires liés à l'exportation, d'avoir accès à de nouveaux marchés à l'exportation avec des effets bénéfiques pour les résultats à l'exportation du pays. De même, des entreprises de pays différents qui souhaitent créer une entreprise commune dans un pays tiers, peuvent être ainsi en mesure de partager les risques et d'accroître leurs possibilités d'accès aux marchés financiers. Les entreprises communes créées conjointement par des sociétés nationales et étrangères sont de plus en plus utilisées dans tous les pays, notamment dans les pays en développement ou à économie planifiée, afin de surmonter les obstacles aux échanges et aux investissements tout en réduisant le plus possible les risques pour les deux parties. Elles sont également un instrument souple car la participation au capital peut être modulée suivant les conditions du marché local. Ces entreprises communes internationales constituent un moyen important de transfert de technologies vers les pays en développement sous une forme qui est souvent plus acceptable pour ces derniers que d'autres, comme les accords de licences qui peuvent etre jugés contenir des clauses trop restrictives (43).

D'autre part, les fusions et entreprises communes internationales posent le même problème concurrentiel que les transactions nationales de même nature, à savoir qu'elles peuvent avoir pour effet d'éliminer des concurrents réels ou potentiels. Une fusion ou une entreprise commune internationale entre concurrents directs peut aboutir à la création d'une puissance sur les marchés intérieur et international et accroître la concentration au niveau mondial ou dans des pays tiers, même si elle n'a pas d'effets directs sur la concentration dans les pays directement impliqués. Comme le nombre de concurrents réels et potentiels sur le marché mondial décroît, le potentiel pour la collusion et la cartelisation au niveau international dans la branche concernée s'accroît également (44). En outre, une fusion internationale peut, dans certaines situations, provoquer des restrictions à la liberté dont l'entreprise rachetée bénéficiait antérieurement pour lui faire concurrence sur certains segments ou sur ses marchés d'exportation. Dans de telles circonstances, une fusion internationale est davantage susceptible qu'une fusion nationale d'affecter les échanges internationaux. Ces effets sur les échanges peuvent se répercuter sur la concurrence sur le marché intérieur, si bien que l'acquisition d'une société étrangère peut avoir des effets indirects sur le marché national de la firme acquéreuse. Enfin, les effets concurrentiels des fusions internationales dépendent également de la dimension du marché sur lequel ils sont évalués : une fusion qui ne pose aucun problème anticoncurrentiel dans un pays peut s'accompagner d'une puissance sur le marché importante dans un autre pays.

Dans certains cas, les acquisitions internationales qui ont posé des problèmes aux autorités de la concurrence, pour des motifs de concurrence ou d'autres raisons d'intérêt public, ont été des offres publiques d'achat contestées par la direction de l'entreprise-cible. Les prises de contrôle contestées soulèvent un certain nombre de problèmes complexes et qui ne sont pas évoqués dans le cadre de ce rapport car elles ne posent pas, a priori, de problèmes de concurrence. Il ne semble pas que les modalités de réalisation de l'opération (rachat avec ou sans l'accord de la société-cible) posent, par elles-mêmes, des problèmes de concurrence particuliers. Cependant, les prises de contrôle contestées peuvent créer des difficultés pour les autorités de la concurrence en terme de mise en oeuvre au jour le jour du droit de la concurrence. Dans la mesure où divers textes législatifs créent des obligations en matière de notification, les autorités de la concurrence doivent agir en concertation avec d'autres autorités gouvernementales comme les autorités de surveillance boursière, les autorités responsables des investissements étrangers, etc. Dans le cas des offres publiques d'achat dites "inamicales", les délais offerts aux autorités de la concurrence pour ouvrir une enquête peuvent être plus courts que ceux appliqués aux opérations réalisées avec l'accord des intéressés et les contraintes de temps de ce genre peuvent être sources de problèmes particuliers pour le contrôle des fusions internationales, compte tenu de la fréquence des affaires dans lesquelles il convient d'obtenir des informations en provenance de sources étrangères. En outre, lorsqu'il s'agit d'une entreprise nationale, les autorités de la concurrence peuvent être soumises à des pressions de la société-cible de la prise de contrôle, afin qu'elles agissent contre l'acquisition.

Compte tenu de cet aperçu rapide des effets concurrentiels potentiels des fusions internationales, de la nature plutôt partielle et non conclusive des études économiques en la matière et étant donné que les débats sur le sujet se poursuivent dans les pays Membres, il semble qu'il faille éviter toute présomption générale pour ou contre l'investissement international réalisé au moyen d'une fusion ; son coût et ses avantages sont particuliers à une branche d'industrie à un moment donné dans un pays donné ou à l'intérieur d'un groupe de pays et chaque cas doit être jugé en fonction de ses propres mérites.

CHAPITRE 2

CADRE JURIDIQUE DU CONTROLE DES FUSIONS INTERNATIONALES ET INSTRUMENTS DE COOPERATION INTERNATIONALE

Bien que certains pays appliquent des mesures de contrôle des investissements aux acquisitions d'entreprises nationales par des intérêts étrangers, aucun n'a adopté de règle de concurrence applicable uniquement aux fusions internationales ; en fait, les critères de contrôle utilisés sont largement similaires pour les fusions nationales et les fusions internationales.

I. DISPOSITIONS EN MATIERE D'AUTORISATION DES INVESTISSEMENTS DIRECTS INTERNATIONAUX

Etant donné les conséquences des fusions internationales pour l'investissement étranger et les mouvements de capitaux, celles-ci peuvent être soumises à des contrôles d'investissement dans les pays hôtes, y compris à l'observance de dispositions relatives aux performances à réaliser. Une étude complète sur ces mesures a récemment été publiée par l'OCDE : Contrôles et obstacles aux investissements directs dans les pays Membres de l'OCDE (45). L'étude décrit la situation à la date d'août 1986 et pays par pays dans quatre tableaux qui lui sont annexés. Pour résumer, dans un premier groupe de pays, (Danemark, Allemagne, Grèce, Italie, Japon, Luxembourg, Pays-Bas, Suisse, Royaume-Uni et Etats-Unis), l'investissement direct international, qu'il se réalise par nouvelle implantation ou par acquisition, est généralement libéralisé avec un faible nombre d'exceptions sectorielles. Après la rédaction de cette étude, l'Australie a assoupli de façon importante sa politique de contrôle des investissements étrangers. Aux termes des nouvelles mesures, l'autorisation préalable n'est obligatoire que pour certains types d'investissements et les projets qui en font l'objet sont automatiquement approuvés, sauf dans des circonstances inhabituelles où ils sont jugés contraires aux intérêts vitaux. Une législation récente a également assoupli la politique de l'Espagne à l'égard des investissements étrangers sauf dans un certain nombre de secteurs.

Dans un deuxième groupe de pays qui inclut la Finlande, la France, la Norvège, le Portugal et la Turquie, les entrées de capitaux, que ce soit par nouvelle implantation ou par acquisition, sont soumises à une autorisation préalable (dans certains de ces pays, seulement si l'investissement excède un certain montant d'actifs).

Il existe un troisième groupe de pays comprennant le Canada, la Nouvelle-Zélande et la Suède dans lesquels seuls les investissements par acquisition, soit d'une participation minoritaire importante soit d'une participation majoritaire dans une entreprise nationale,sont soumis au contrôle. En Australie, une des catégories de projet d'investissement étranger nécessitant une autorisation préalable est constituée par l'acquisition d'entreprises nationales ayant un total d'actifs égal ou supérieur à 5 millions de dollars et qui aurait pour effet de transférer la propriété d'intérêts substantiels dans l'entreprise.

II. LOIS SUR LA CONCURRENCE APPLICABLES AUX FUSIONS ETRANGERES

Selon le rapport de 1984 sur les politiques à l'égard des fusions et les tendances récentes des fusions, les pays suivants ont adopté une législation de contrôle des fusions : Australie, Canada, France, Allemagne, Irlande, Japon, Nouvelle-Zélande, Suède, Royaume-Uni, Etats-Unis (46). La Suisse a récemment introduit de tels contrôles. Les dispositions juridiques applicables dans ces pays ont été suffisamment analysées dans ce rapport pour ne pas nécessiter d'être davantage détaillées dans cette section, excepté lorsque de nouvelles dispositions pertinentes dans le contexte de la présente étude ont été adoptées ou proposées depuis cette publication, c'est-à-dire au Canada, en Australie, en France, en Suisse et dans la Communauté Economique Européenne.

A. APERCU SUR LES DISPOSITIONS DE CONTROLE DES FUSIONS

Il convient de mentionner que, dans les pays dépourvus de contrôle des fusions, les fusions internationales peuvent parfois être contrôlées dans le contexte d'enquêtes relatives aux accords restrictifs ou aux abus de position dominante. Comme tel n'est pas le sujet de ce rapport, les dispositions légales applicables en la matière ne sont pas étudiées dans la présente section.

Il existe une grande variété d'un pays à l'autre entre les dispositions applicables au contrôle des fusions. Les principales différences concernent les critères retenus pour la définition ou l'examen des fusions (seuils concernant la dimension et la part du marché), les normes en fonction desquelles une opération est considérée comme souhaitable ou inopportune (critère pur et simple de concurrence, ou critère plus large d'intérêt général dont la concurrence ne constitue qu'un élément important), et la procédure (judiciaire ou administrative, ou un certain dosage des deux, notification préalable ou a posteriori, procédure préalable d'agrément ou d'exemption pour certaines fusions).

Il est possible, au risque de simplifier par trop la situation, de distinguer parmi les pays entre ceux qui appliquent un critère qui porte exclusivement ou principalement sur la concurrence (Canada, Allemagne, Japon, et Etats-Unis) et ceux qui adoptent une position plus large, exigeant l'évaluation au cas par cas d'un certain nombre de facteurs avant de déterminer si une fusion est acceptable ou non (France, Irlande, Nouvelle-Zélande, Suède, Royaume-Uni et CEE). En Australie, il existe un système mixte qui interdit les fusions entraînant la domination du marché ou un renforcement de cette domination, mais qui prévoit une procédure d'autorisation préalable donnée par la Commission des pratiques commerciales si la fusion satisfait à un critère d'intérêt général. En Nouvelle-Zélande, les fusions de grande dimension ne peuvent être interdites que si elles aboutissent à la constitution d'une position dominante. Il est également possible d'autoriser les fusions assorties d'une position dominante pour des motifs d'intérêt public. Dans le premier groupe de pays, les critères fondamentaux retenus pour évaluer les fusions sont exprimés en termes relativement simples dans la législation proprement dite, mais ont dû être interprétés et précisés par les autorités administratives ou judiciaires chargées de son application. Dans ces pays, des directives administratives ont été souvent publiées en vue de préciser les pratiques suivies dans l'application des dispositions ou d'en clarifier les termes. Dans le deuxième groupe de pays, des directives peuvent être également publiées mais la législation elle-même définit souvent de façon assez détaillée les divers éléments à prendre en considération. Ainsi, en Irlande, un texte annexé à la législation sur les fusions définit neuf critères pour évaluer les fusions. Au Royaume-Uni, cinq critères sont fixés pour aider la Commission des monopoles et des fusions (MMC) lorsqu'elle enquête sur les fusions.

Un certain nombre de pays prévoient une notification obligatoire soit de toutes les fusions (Japon) soit de certaines d'entre elles (Canada, Allemagne, Irlande, Nouvelle-Zélande et Etats-Unis). Les critères de notification préalable à la fusion varient selon ces pays ; ils sont généralement exprimés en termes de parts de marché et/ou en taille d'actifs ou de chiffre d'affaires. La notification est facultative dans des pays comme la France et la Suède, bien que, en Suède, le médiateur de la concurrence puisse, au cas par cas, exiger la notification d'une acquisition projetée. En Australie, les parties à une fusion peuvent prendre des contacts informels avec la Trade Practices Commission afin de débattre de leur projet. Au Royaume-Uni, un projet de loi prévoyant la notification préalable des fusions sur une base volontaire est en cours d'examen.

En ce qui concerne le traitement à accorder aux firmes étrangères, la nationalité des nouveaux acquéreurs est indifférente pour l'application du droit de la concurrence dans les pays Membres et le fait que la propriété d'une entreprise soit étrangère n'a pas été, en soi, la raison du déclenchement d'enquêtes de concurrence ou un motif per se pour ne pas autoriser la fusion. Néanmoins, dans les pays dans lesquels il existe des critères plus larges d'intérêt public, la détention étrangère des capitaux peut être un des éléments pris en compte dans la décision d'interdire la fusion, par exemple au motif qu'elle affecterait l'emploi, la sécurité nationale ou des opportunités d'exportation. En France, la moitié des affaires soumises à l'examen de la précédente Commission de la Concurrence impliquait des entreprises étrangères. Au Royaume-Uni, des fusions impliquant des entreprises étrangères ont été soumises de temps à autre à l'examen de la MMC. La politique mise en oeuvre à l'heure actuelle consiste à déterminer préalablement si une fusion doit être soumise à la MMC en évaluant les effets sur la concurrence au Royaume-Uni, qu'une firme étrangère participe ou non à l'opération. Les commissaires de la MMC, dans l'affaire Enserch Corporation (US)/Davy Corporation (UK), ont considéré qu'il pourrait être dommageable, entre autres éléments, que Davy perde son caractère national de fournisseur britannique. Ils ont également considéré que les activités à l'exportation de Davy pouvaient être entravées si l'entreprise passait sous propriété américaine, dans la mesure où, dans certaines parties du monde, les sociétés américaines peuvent être moins bien accueillies que les sociétés britanniques et où, sous propriété américaine, Davy pouvait se trouver dans la situation de ne pas obtenir des contrats qu'elle aurait obtenus dans un cas contraire (47). Cependant, depuis ces trois dernières années, la concurrence est devenu le critère prédominant pour soumettre une fusion à l'examen de la MMC.

B. NOUVELLES DISPOSITIONS ADOPTEES PAR LES PAYS MEMBRES DEPUIS 1984 ET PERTINENTES POUR LE CONTROLE DES FUSIONS INTERNATIONALES

Au Canada, la règle générale est d'application universelle et prévoit que toutes les opérations de concentration sont généralement soumises à examen au titre du Competition Act de 1986. Pour que les dispositions en matière de notification préalable s'appliquent, l'opération doit impliquer l'acquisition d'actifs canadiens d'une entreprise opérant au Canada (48). La transaction doit être notifiée si les parties et leurs filiales ont des actifs au Canada ou des revenus annuels bruts de leurs ventes depuis ou à l'intérieur du Canada qui excèdent 400 millions de dollars canadiens. Un second seuil porte également sur la taille de l'opération proposée. La notification préalable de l'acquisition d'actifs est obligatoire seulement lorsque les actifs à acquérir ou les revenus au Canada ou du Canada réalisés à partir de ces actifs sont supérieurs à 35 millions de dollars canadiens. Un seuil similaire s'applique pour l'acquisition des droits de vote. Les parties à une transaction projetée doivent attendre entre sept et 21 jours après la notification avant de poursuivre leur projet.

Les transactions en matière de fusions sont maintenant soumise à l'examen d'une instance spécialisée, le Tribunal de la concurrence. Les critères à remplir pour obtenir l'autorisation du Tribunal sont les suivants. Il s'agit de déterminer si la fusion projetée ou déjà réalisée empêche ou diminue sensiblement la concurrence, ou s'il est probable qu'elle puisse avoir cet effet. Une disposition de la loi fait obstacle à ce que le Tribunal juge qu'une fusion restreint substantiellement la concurrence uniquement en se fondant sur la concentration ou les parts de marché. La loi sur la concurrence fournit une liste indicative et non exhaustive de facteurs que le Tribunal peut examiner à l'occasion de l'examen des fusions : la mesure dans laquelle des concurrents étrangers réels existent ; la possibilité de la déconfiture de l'entreprise ; la disponibilité de produits pouvant servir de substituts acceptables ; l'existence de quelconques entraves à l'accès au marché, qu'elles soient d'ordre réglementaire ou d'un autre ordre ; la mesure dans laquelle une concurrence réelle subsiste sur le marché ; la disparition d'un concurrent dynamique et efficace, et la nature et la portée des innovations sur le marché. En ce qui concerne les effets résultant de la pénétration des importations, le Directeur des enquêtes et recherches a récemment indiqué que lorsque la concurrence étrangère ne fait pas partie du marché réel, "les importations peuvent, en lieu et place du marché, constituer une discipline concurrentielle souhaitable. Il faut cependant reconnaître que des variations de taux de change, des quotas, des variations de droits de douane et d'autres facteurs susceptibles d'influencer les flux d'importation peuvent, dans certains cas, limiter l'efficacité de la concurrence étrangère" (49). Il convient de noter que la loi prévoit une exception pour les cas dans lesquels les gains d'efficacité permettent de compenser un quelconque effet de restriction ou de suppression de la concurrence qui résulterait ou pourrait résulter de la fusion ou du projet de fusion. D'autre part, la loi indique que le Tribunal peut examiner si ces gains auront pour résultat d'accroître de façon significative les exportations en valeur réelle ou la substitution des importations.

Selon le Trade Practices Act _australien_, les fusions internationales sont soumises à l'examen prévu aux sections 50 et 50A si elles affectent le marché domestique australien. La section 50 du Trade Practices Act australien s'applique aux fusions internationales englobant des sociétés ou personnes australiennes, si l'acquisition d'actions ou d'éléments d'actifs a pour effet de renforcer ou de provoquer une domination sur une partie substantielle du marché en Australie. En cas d'infraction à la section 50, une procédure judiciaire peut être déclenchée à l'initiative de la Trade Practices Commission (Commission des pratiques commerciales) ou à celle de parties privées. Les mesures correctives dont dispose la Commission sont : l'imposition d'amendes, l'injonction ou le démantèlement. Cependant, la récupération de dommages par les particuliers est soumise à l'accord de l'Attorney-General lorsque des sociétés ou des personnes australiennes participent à des fusions en dehors de l'Australie.

A dessein, la section 50 ne s'applique pas aux fusions entre sociétés complètement étrangères opérant à l'extérieur de l'Australie mais ayant pour effet de créer une domination sur le marché national. Des effets des fusions entre sociétés complètement étrangères se produisent généralement sur le territoire national lorsque les filiales nationales passent sous le contrôle commun des sociétés mères étrangères qui viennent de fusionner. Etant donné la dimension extra-territoriale évidente de telles fusions et les potentiels de conflits avec les lois et les politiques étrangères qui en résultent, une section 50A séparée a été introduite dans la loi afin de traiter de leurs effets domestiques. Des critères similaires à ceux énoncés dans la section 50 sont utilisés (par exemple, la domination du marché), mais, compte tenu de la dimension extra-territoriale des fusions internationales, la section 50A contient un ensemble de procédures et de remèdes différents. La section 50A ne prévoit pas l'interdiction d'une fusion entre sociétés mères étrangères en tant que telle et celle-ci n'est d'ailleurs pas possible compte tenu des limitations imposées à l'application extra-territoriale du Trade Practices Act. Les procédures et mesures correctives sont, au contraire, dirigées contre les filiales australiennes. La section 50A prévoit que le Tribunal des pratiques commerciales prononce une déclaration selon laquelle la fusion a pour effet de créer une domination d'une part substantielle du marché en Australie, sans qu'aucun bénéfice public n'en résulte. Tant qu'une telle déclaration demeure en vigueur, la filiale nationale a six mois pour cesser ses activités (ce délai peut être étendu jusqu'à un maximum de douze mois).

En _France_, aux termes des nouvelles dispositions de l'Ordonnance sur la concurrence de 1986, toute fusion internationale projetée ou réalisée peut être, comme toute fusion entre deux sociétés françaises, soumise par le Ministre de l'Economie, des Finances et de la Privatisation, au Conseil de la Concurrence lorsque les entreprises qui sont parties à l'acte ou qui en sont l'objet ou qui leur sont économiquement liées ont : i) soit réalisé ensemble plus de 25 pour cent des ventes, achats ou autres transactions sur un marché national de biens produits, ou services substituables ou sur une partie substantielle d'un tel marché ou ii) soit totalisé un chiffre d'affaires hors taxes de plus de 7 milliards de francs, à condition que deux au moins des entreprises parties à la concentration aient réalisé un chiffre d'affaires

22

d'au moins 2 milliards de francs (50). Le chiffre d'affaires auquel le texte se réfère est calculé en soustrayant du chiffre d'affaires total de toutes les parties à la transaction réalisé sur le territoire national la valeur de leurs exportations (51). L'introduction d'un seuil en valeur absolue a conduit à placer davantage de fusions internationales dans le champ d'application de la loi dans la mesure où le seuil précédent (exprimé seulement en pourcentage : 40 pour cent pour les fusions horizontales et 25 pour cent pour les fusions non horizontales) était trop élevé. Dans le cas d'une notification préalable, qui est facultative, le projet est présumé approuvé tacitement après deux mois ; si l'affaire est transmise au Conseil de la Concurrence, le délai correspondant est de six mois (52).

En Suisse, la loi sur les cartels et les organisations analogues de 1986 donne aux autorités compétentes la possibilité de déterminer si une fusion restreint indûment la concurrence et, le cas échéant, de prendre des mesures pour y remédier. La notification des fusions est facultative. La Commission ne peut pas interdire ou démanteler une fusion ; elle peut par contre recommander aux autres entreprises d'adopter un comportement conforme à la concurrence. Si la recommandation n'est pas suivie d'effets, le Ministère de l'économie peut prendre une décision administrative.

C. PROJET DE REGLEMENT DE LA CEE ET APPLICABILITE DES ARTICLES 85 ET 86 AUX FUSIONS INTERNATIONALES

En l'absence d'un règlement sur les fusions, le problème de l'applicabilité de l'article 85 aux fusions s'est posé dans plusieurs affaires. L'article 85 tout comme son règlement d'application N° 17, visent à l'évaluation d'accords et non de problèmes de concentration. Par exemple, le principe de la nullité des accords anticoncurrentiels au titre de l'article 85 aurait pour seul effet possible et sévère de contraindre au démantèlement de la fusion. En outre, le règlement N° 17 prévoit d'autoriser certains accords pour une durée limitée dans le temps et ne pourrait pas être appliqué à des opérations de caractère structurel qui sont supposées durables et ne peuvent pas être remises en question après un certain temps.

Aux termes de la décision de la Cour de Justice des Communautés Européennes dans l'affaire Continental Can, une fusion impliquant une entreprise détenant déjà une position dominante sur une partie substantielle du marché commun peut constituer un abus de cette position au titre de l'article 86 (53). En ce qui concerne l'applicabilité de l'article 86, à plusieurs occasions la Commission et la Cour de Justice ont réaffirmé une définition de base de la domination qui utilise les termes du Traité de Paris de 1951 établissant la Communauté européenne du charbon et de l'acier (article 66(2)) : "le pouvoir de faire obstacle à une concurrence effective dans une partie substantielle du marché en question". La Commission a établi, en 1973, dans son projet de règlement sur les fusions que le pouvoir d'empêcher une concurrence effective doit être évalué, en particulier, par référence à la mesure dans laquelle les fournisseurs et les consommateurs ont une possibilité de choix, au pouvoir économique et financier des entreprises concernées, à la structure des marchés affectés et aux tendances de l'offre et de la demande pour les biens et services pertinents. Cette citation illustre certaines des caractéristiques de la domination du point de vue de la Commission et de la Cour de Justice. Ce sont : la capacité des entreprises dominantes d'influencer le marché par leur propre conduite, sans en être empêchées par des concurrents ; la dépendance vis-à-vis de l'entreprise en position dominante des autres compagnies pour leur survie ; le pouvoir économique et financier qui confère à une entreprise dominante des avantages concurrentiels.

De très importantes parts de marché ne constituent pas, par elles-mêmes, une preuve suffisante de l'existence d'une position dominante. Une telle position peut exister avec une part de marché moins importante lorsque celle-ci est relativement beaucoup plus forte que celle détenue par les concurrents les plus proches, lorsque la firme en question bénéficie d'avantages concurrentiels dont ne dispose pas les autres participants sur le marché (fondés sur des avantages technologiques, un réseau de commercialisation, une puissance financière) et qu'il existe des obstacles à l'accès au marché (coûts de transports, obstacles réglementaires etc.) qui suppriment ou rendent improbable la concurrence de la part de nouveaux producteurs. Depuis l'affaire Continental Can, le concept de position dominante a été peu à peu défini d'une manière plus opérationnelle (jugements United Brands et Hoffman-La Roche). Ce concept est défini comme la combinaison globale des avantages dont bénéficie la firme en position dominante. Une domination horizontale peut apparaître lorsque des fusions impliquent des partenaires concurrents sur le même marché de référence. Mais la domination peut également résulter de relations verticales, parce que les acheteurs ou les fournisseurs dépendent d'un partenaire commercial obligatoire. Les fusions qui impliquent des sociétés vendant des produits différents peuvent également conduire à l'émergence de positions dominantes lorsque, par exemple, des possibilités de ventes et de services liés sont offertes à l'entreprise conglomérale.

Dans une décision récente, la Cour de Justice des Communautés Européennes a examiné le problème de l'applicabilité de l'article 85 à une acquisition internationale, British-American Tobacco (BAT)/R.J. Reynolds Industries (54). A la suite des plaintes déposées par ces deux compagnies, la Commission a adressé une déclaration d'objections à Philip Morris et Rothmans International aux fins de leur faire connaître que les accords qu'ils avaient conclus en 1981 étaient en infraction à la fois avec l'article 85 et avec l'article 86. Ces accords revenaient à l'acquisition du contrôle de Rothmans par Philip Morris avec pour effet de coordonner leurs comportements commerciaux au sein du Marché Commun. Par la suite, les parties ont modifié leurs accords et, dans les nouveaux accords de 1984, ont limité la participation à un investissement financier purement passif, c'est-à-dire à l'acquisition d'une participation minoritaire. La Commission a estimé que ces accords n'étaient plus en infraction avec les articles 85 et 86 et a rejeté les plaintes de BAT et de Reynolds. Les deux compagnies ont fait appel devant la Cour de Justice en argumentant que l'acquisition d'une partie du capital d'un concurrent a pour effet de restreindre la concurrence au sens de l'article 85 du Traité.

Il convient de rappeler que les accords interdits par l'article 85 sont ceux qui ont pour objet ou pour effet d'empêcher, de restreindre ou de fausser le jeu de la concurrence à l'intérieur du Marché Commun. Selon la Cour de Justice, "tel serait notamment le cas si, par la prise de participation ou par des stipulations accessoires de l'accord, l'entreprise qui investit obtient un contrôle de droit ou de fait sur le comportement commercial de l'autre entreprise ou si l'accord prévoit une coopération commerciale entre les entreprises ou crée des structures aptes à promouvoir une telle coopération".

La Cour de Justice remarque, en particulier, que "à la différence des accords de 1981, ceux de 1984 ne contiennent aucune clause portant sur une coopération commerciale, et ces derniers accords ne créent aucune structure qui favorise une telle coopération entre Philip Morris et Rothmans International [...]". En conséquence, la Cour a rejeté la demande des plaignants relative à l'application de l'article 85.

En ce qui concerne l'article 86 du Traité, la Cour a estimé qu'un abus de position dominante ne peut se produire "que si la participation en question se traduit en un contrôle effectif de l'autre entreprise ou, à tout le moins, en une influence sur la politique commerciale de celle-ci" et que "il découle de l'examen qu'un tel effet des accords de 1984 n'est pas établi". En conséquence, le moyen fondé sur l'article 86 a également été rejeté (55).

La Commission a dressé au Conseil, en 1973, un projet de règlement sur le contrôle des concentrations entre entreprises. Fondé sur les articles 87 et 235, le projet a été amendé trois fois mais n'a pas été adopté par le Conseil. A la suite de consultations bilatérales intensives avec tous les Etats Membres et à l'issue de débats au sein du Conseil en octobre et novembre 1987, un nouveau projet de règlement a été élaboré. Il est fondé sur les principes suivants :

-- Un contrôle des fusions ne s'appliquant qu'aux grandes opérations de dimension communautaire ;

-- La notification préalable obligatoire des projets de fusion ;

-- L'interdiction des opérations néfastes pour la concurrence mais l'autorisation des opérations de concentration pouvant se réclamer de principes analogues à ceux contenus dans l'article 85 (3) ;

-- Une coopération étroite et constante entre la Commission et les Etats Membres, en vue d'assurer une mise en oeuvre rapide des procédures (56).

Le règlement ne s'applique qu'aux opérations de concentration de "dimension communautaire" [article 1(1)]. Cette notion est définie en fonction de deux critères, l'un tenant au "territoire d'activités" des entreprises qui participent à la concentration et l'autre à leur chiffre d'affaires (article 1, paragraphes 2 et 3). Aux termes de l'article 1, paragraphe 2, une opération est de dimension communautaire : a) lorsque deux au moins des entreprises qui réalisent la concentration ont leur champ principal d'activités communautaires dans un Etat Membre différent ; ou b) lorsque les entreprises qui réalisent la concentration ont leur champ principal d'activités communautaires dans un seul et même Etat Membre, mais que l'une d'entre elles au moins déploie des activités substantielles dans d'autres Etats Membres, notamment par des filiales ou des ventes directes. L'article 1, paragraphe 3, décrit les situations dans lesquelles une concentration n'est pas de dimension communautaire : a) lorsque le chiffre d'affaires total réalisé sur le plan mondial par toutes les entreprises concernées représente un montant inférieur à 1 milliard d'Ecus, ou b) lorsque le chiffre d'affaires total réalisé sur le plan mondial par toutes les entreprises concernées atteint 1 milliard d'Ecus, mais que le chiffre d'affaires total réalisé sur le plan mondial par l'entreprise dont l'acquisition est envisagée représente un montant inférieur à 50 millions d'Ecus, ou c) lorsque toutes les entreprises qui procèdent à l'opération de concentration réalisent plus des trois quarts de leur chiffre d'affaires total dans la Communauté à l'intérieur d'un seul et même Etat Membre.

Toutes les fusions entrant dans le champ d'application du règlement sont soumises à un contrôle préalable [article 2(1)]. Les opérations de concentration qui donnent lieu à la création ou au renforcement d'une position dominante dans le marché commun ou dans une partie substantielle de celui-ci sont incompatibles avec le marché commun [article 2(2)]. Les opérations de concentration sont présumées compatibles avec le marché commun lorsque la part de marché des entreprises concernées dans le marché commun ou une partie substantielle de celui-ci est inférieure à 20 pour cent [article 2(3)]. Le règlement prévoit la possibilité d'autoriser les fusions en raison de leur compatibilité avec le marché commun. Les critères d'autorisation sont inspirés des principes figurant dans l'article 85 (3) ; ceci permet de tenir compte de la concurrence internationale [article 2(4)].

Les délais de la procédure ont été nettement réduits par rapport aux projets précédents ; ils sont fixés à deux mois en ce qui concerne l'examen provisoire précédant l'ouverture d'une procédure [article 6(3)] et à quatre mois pour l'appréciation ultérieure conduisant à une décision finale [article 19(1)]. En vue d'assurer une coopération étroite et permanente avec les autorités compétentes des Etats Membres, il est maintenant prévu que les Etats Membres directement concernés doivent être consultés préalablement à l'ouverture d'une procédure [article 18(2)].

Dans les circonstances actuelles, il demeure des domaines d'incertitude juridique, au moins pour deux raisons : premièrement, certaines des considérations développées dans la décision mériteraient une clarification complémentaire, en particulier les distinctions établies entre le contrôle de jure et de facto ou le contrôle effectif ; deuxièmement, l'application du règlement N° 17 à des opérations structurelles comme les fusions et les entreprises communes concentratives peut, en elle-même, être une source de complications.

III. INSTRUMENTS DE COOPERATION INTERNATIONALE

Au cours des enquêtes sur les fusions internationales, des contacts entre autorités de la concurrence de pays divers ont été pris ou peuvent être pris au titre de divers instruments de coopération, à la fois au niveau bilatéral et multilatéral. La Recommandation de l'OCDE de 1979 (révisée en 1986) sur la coopération entre pays Membres dans le domaine des pratiques commerciales restrictives qui affectent les échanges internationaux a, bien entendu, été fréquemment évoquée à l'occasion de fusions ayant une dimension internationale (57). L'annexe interprétative qui figure dans la révision de 1986 vise particulièrement à clarifier les circonstances dans lesquelles l'information devrait être recherchée à l'étranger (y compris lors des enquêtes en matière de fusions) et à souligner le besoin de modération et de retenue de la part des autorités de la concurrence lorsqu'elles exercent leurs pouvoirs d'enquêtes à l'étranger ainsi qu'à recommander des consultations afin d'éviter tout conflit de nature juridictionnelle. Il convient également de faire référence à l'accord réalisé au sein du CIME, en 1984, sur les obligations contradictoires imposées par les gouvernements aux entreprises multinationales et à l'examen récent qui a été consacré aux principes de modération et de retenue dans ce contexte (58).

Des critères permettant l'évaluation des fusions et leurs conséquences pour la concurrence et les échanges sur les marchés de référence figurent dans le chapitre sur la concurrence des Principes directeurs de l'OCDE à l'intention des entreprises multinationales, dans le rapport du Comité de 1984 sur l'interaction entre les politiques de concurrence et d'échanges ainsi que dans la Recommandation du Conseil de 1986 sur la coopération entre pays Membres dans les domaines de conflit potentiel entre politique de la concurrence et politique commerciale. Ainsi que cela a été souligné dans le rapport de 1984, les autorités de la concurrence devraient être sensibles aux réalités et aux développements du commerce international, y compris, en particulier, aux règles gouvernant les échanges et à l'internationalisation croissante des marchés. Aux termes de la Recommandation de 1986, les gouvernements devraient tenir compte du rôle des importations et de l'existence de barrières commerciales lorsqu'ils évaluent les pratiques commerciales restrictives sur les marchés de référence. Ces recommandations devraient avoir une valeur toute particulière pour la définition du marché dans les affaires de fusions.

En outre, il existe quatre accords bilatéraux de coopération antitrust qui traitent, eux-aussi, des questions de compétence et d'autres questions qui se posent à l'occasion de la mise en oeuvre de la politique et du droit de la concurrence (59). Enfin, l'Ensemble de principes et de règles équitables convenus au niveau multilatéral pour le contrôle des pratiques commerciales restrictives élaboré aux Nations Unies doit être mentionné : il s'applique aux fusions, prises de participation, entreprises communes ou autres types d'acquisition du contrôle, qu'ils soient d'une nature horizontale, verticale ou conglomérale (Section D.4.c).

Chaque fois qu'une législation, un règlement ou une disposition de procédure affectant les fusions internationales peut impliquer une discrimination contre des entreprises non résidentes, ces mesures tombent sous le coup du Code de l'OCDE sur la libération des mouvements de capitaux. Le Code fait obligation d'octroyer aux entreprises non résidentes le même traitement qu'aux entreprises nationales pour des investissements aboutissant à des fusions et acquisitions, à moins que le pays concerné n'ait spécifiquement réservé par avance sa position à l'égard de telles opérations. Les réserves de ce type sont soumises à un examen périodique de la part du Comité sur les mouvements de capitaux et les transactions invisibles qui a la responsabilité de la mise en oeuvre du Code (60). Une situation semblable s'applique à l'égard des mesures affectant des entreprises établies sous contrôle étranger et qui sont soumises à des procédures de notification et d'examen au titre de l'instrument de l'OCDE sur le traitement national. Ces procédures sont mises en oeuvre par le Comité de l'OCDE sur l'investissement international et les entreprises multinationales (61).

CHAPITRE 3

PROBLEMES DE CONCURRENCE SPECIFIQUES DANS LE CONTEXTE DES
FUSIONS INTERNATIONALES

Ainsi que cela a été indiqué précédemment, ce chapitre analyse les deux principaux problèmes de concurrence qui se sont posés en pratique dans des cas de fusions internationales examinés par les pays Membres : i) définition et analyse des marchés de produits et géographiques de référence et ii) problèmes liés à la collecte d'informations à l'étranger et à d'autres questions de juridiction, telles que les conflits entre droits différents ou résultant de leur application concurrente, ainsi que les mesures correctives qui ont été appliquées.

Le contenu de ce chapitre se fonde sur des cas, des déclarations d'autorités de la concurrence, des lignes directrices, des articles et d'autres sources qui font autorité. Il convient d'observer que la jurisprudence sur ces questions n'est pas beaucoup développée, dans la mesure où la plupart des affaires de fusion, particulièrement les cas internationaux, tendent à se régler avant qu'une procédure judiciaire ne soit entâmée.

I. DEFINITION ET ANALYSE DU MARCHE DE REFERENCE

Le point de départ pour l'appréciation des effets des fusions internationales consiste à évaluer des parts de marché réelles et la puissance sur le marché que la fusion pourrait provoquer, dans le futur, sur le marché de référence. La définition des marchés de référence, géographique et de produits, représente une des difficultés les plus grandes auxquelles les autorités de la concurrence sont confrontées car elles se trouvent dans la position d'avoir à identifier un marché qui ressemble à "un regroupement magique de transactions autour desquelles un cercle serait tracé, lequel cercle se verrait ensuite traité comme une barrière incontournable" (62). L'examen des aspects internationaux des fusions est encore plus problématique car il faut y intégrer des considérations complexes de politique des échanges et d'autres politiques économiques (63).

Des commentateurs ont identifié parmi les facteurs économiques à prendre en considération de possibles variations dans les coûts du transport, les taux de change ainsi que dans les services après-vente et pour la fourniture des pièces détachées. Les fluctuations monétaires sont d'une importance primordiale dans la mesure où une dévaluation ou dépréciation ultérieures des cours dans un pays donné peut contribuer à rendre les importations si coûteuses que les fournisseurs étrangers peuvent se trouver découragés de vendre sur le marché concerné ; dans un tel cas, au moment de l'examen de la fusion, les parts de marché attribuées à ces fournisseurs étrangers peuvent avoir été surévaluées. D'un autre côté, une forte appréciation de la monnaie du pays importateur peut permettre aux fournisseurs étrangers de vendre à des prix inférieurs à ceux auxquels ils vendent sur leur propre marché et d'accroître ainsi, de façon importante, leurs parts de marché, à moins qu'ils n'en soient empêchés par des actions antidumping (dans un tel cas d'appréciation ultérieure de la monnaie, les fournisseurs potentiels peuvent avoir été sous-estimés).

Les éléments du domaine de la politique des échanges peuvent être encore beaucoup plus compliqués à évaluer. Par exemple, les changements dans la politique des droits de douane du pays importateur ont pour effet de rendre les importations plus ou moins coûteuses. Comme le montrent les considérations développées ci-dessous, l'évaluation la plus difficile porte sur des mesures commerciales sélectives comme les autolimitations des exportations car les effets de telles mesures sur les flux d'échanges et les structures du marché sont complexes et parfois imprévisibles au moment où ces mesures sont introduites.

Les trois sous-sections qui suivent examinent l'expérience américaine : i) la littérature disponible sur la définition du marché géographique, particulièrement sur les questions de concurrence étrangère ; ii) certaines décisions des tribunaux en ce domaine ; iii) les Guidelines de 1984 du Département américain de la Justice. La quatrième sous-section contient des informations sur d'autres pays Membres et relatives à l'examen du marché de référence.

A. EXAMEN DE LA DOCTRINE RECENTE EN LA MATIERE AUX ETATS-UNIS

Une volumineuse littérature a été produite sur le sujet durant les années soixante-dix et au début des années quatre-vingt (64), spécialement aux Etats-Unis. Elle paraît avoir influencé certaines des hypothèses adoptées dans les Guidelines de 1982 en matière de fusions, dans leur version révisée en 1984. La discussion s'est généralement limitée au contexte des industries nationales soumises à la concurrence étrangère mais demeure pertinente en matière de fusions internationales pour un certain nombre d'aspects identifiés ci-dessous. A.F. Abbott, Attorney à la Division Antitrust du Département de la Justice (65), a estimé que "la décision d'exclure la concurrence étrangère et de définir le marché de référence sur une base purement nationale fait encourir le risque que les ratios de concentration surévaluent le pouvoir monopolistique sur le marché. D'un autre côté, l'inclusion de la concurrence étrangère peut sous-évaluer le pouvoir monopolistique potentiel des entreprises fusionnantes si les entreprises étrangères incluses dans la définition du marché ne sont pas en mesure d'accroître leur offre (en raison de l'existence de restrictions à l'importation ou pour d'autres motifs) en cas de hausses de prix soutenues de la part des entreprises nationales".

En 1978, Areeda et Turner se sont prononcés en faveur d'un examen des faits réels plutôt que fondé sur des présomptions relatives à d'éventuelles variations des taux de change et des mesures commerciales dans le futur. En conséquence, si l'analyse du marché géographique fondée sur les faits présents conduit à inclure les importations, elle devrait tenir compte de la totalité de la production des fournisseurs étrangers et devrait négliger le risque de restrictions aux importations ou de changements possibles dans les structures d'échanges commerciaux (66).

En 1981, Landes et Posner ont critiqué les positions prises par Areeda et Turner au motif que leur analyse ne proposait d'inclure que la production présente des fournisseurs étrangers et ne prenait pas en compte la totalité de leurs capacités de production, ce qui conduisait à sous-évaluer l'aptitude de ces fournisseurs à accroître leurs importations et à surévaluer une éventuelle puissance sur le marché des entreprises fusionnantes (67). Ils ont montré que la part de marché n'est seulement qu'un facteur parmi d'autres pour évaluer la puissance sur le marché. Ils ont avancé l'argument selon lequel d'autres facteurs, comme les élasticités de la demande et de l'offre sur le marché, devraient être pris en compte par les tribunaux, bien qu'ils soient difficiles à évaluer. Ils ont également estimé que, s'il existe des importations importantes d'un produit aux Etats-Unis, elles devraient être incluses dans le marché de référence. Enfin, ils ont conclu que les producteurs étrangers responsables de ces importations devraient se voir conférer des parts de marché fondées sur leur production totale ou leurs capacités de production globales, sans tenir compte de l'état actuel de leurs exportations aux Etats-Unis. Cependant, dans ce cas, trois conditions devraient être réunies du point de vue de l'entreprise étrangère : i) les produits importés devraient être identiques ou substituables aux produits nationaux ; ii) les ventes de l'étranger pour ces produits sur le territoire américain devraient être régulières dans le temps et iii) les fournisseurs étrangers devraient avoir des capacités de production disponibles et susceptibles d'être aisément utilisables pour une production à destination du marché américain (68).

Les études qui ont suivi paraissent quelque peu divergentes, bien qu'elles reconnaissent toutes pleinement la nécessité de tenir compte de la concurrence étrangère (69). Les deux principales critiques émises sont les suivantes. D'une part, l'inclusion de la concurrence étrangère, ainsi que le proposent Landes et Posner, n'est pertinente que lorsque les produits étrangers et nationaux sont parfaitement identiques. D'autre part, la faculté de la concurrence étrangère à déplacer des capacités utilisées pour une production sur le territoire national vers une production à destination de marchés étrangers a été surestimée. Dans de telles circonstances, tenir compte de la capacité de production totale des fournisseurs étrangers pourrait conduire à sous-estimer l'opportunité offerte aux firmes fusionnantes d'exercer une puissance sur le marché. Un autre commentateur (70) estime qu'il est rarement "approprié d'inclure la capacité totale du producteur étranger pour mesurer ses effets sur le marché américain". A son avis, la question de savoir si une entreprise étrangère a des capacités de production utilisables sur un autre marché contient trop d'impondérables, y compris les politiques en vigueur sur son marché national et le sérieux de ses engagements à l'exportation vis-à-vis d'autres pays.

Ainsi que cela a déjà été mentionné, les restrictions à l'importation, par exemple les droits de douane, les quotas fixes et les quotas en pourcentage, sont parmi les éléments les plus importants à prendre en compte lors de l'analyse des fusions étrangères. Ce problème a été analysé en détail par T. Calvani, Commissaire à la Federal Trade Commission, à l'occasion d'une conférence récente : "les quotas peuvent provoquer une réponse des fournisseurs étrangers égale à zéro, à la différence des droits de douane qui normalement ont pour seul effet de déplacer la courbe d'offre étrangère vers le haut sans en modifier ni la forme générale ni la direction... On peut estimer qu'un quota fixe des limitations évidentes à la capacité concurrentielle d'une importateur..." mais "on peut échapper à un quota, par exemple en procédant à des échanges triangulaires. Les produits peuvent être dirigés vers un pays tiers non soumis au quota et peuvent s'ajouter à la production des fournisseurs antérieurs de ce pays en vue de leur exportation vers les Etats-Unis". Selon A.F. Abbott, dans la mesure où l'élasticité des prix de l'offre étrangère demeure positive en réponse à un accroissement des prix sur le marché intérieur, il n'est presque jamais approprié de considérer l'existence de droits de douane comme justifiant la diminution importante des parts de marché étrangères, si les importations sont déjà effectives sur ce marché. A la différence des droits de douane, les quotas de quantité fixes réduisent à zéro l'élasticité des prix de l'offre étrangère et, en conséquence, les parts de marché calculées sur la base des capacités de production étrangères, des ventes ou des flux d'importation et d'exportation devraient être fortement diminuées en présence effective de tels quotas (lorsqu'ils sont d'application mondiale) (71). Cependant, cette analyse est moins évidente dans le cas des mesures sélectives de limitation des importations, comme les autolimitations, parce qu'elles peuvent être plus facilement contournées en détournant les échanges et qu'elles sont susceptibles d'avoir pour conséquence un accroissement des importations de pays tiers et non soumises à cette limitation.

B. JURISPRUDENCE DES ETATS-UNIS

Certains des commentateurs présentés ci-dessus ont également étudié dans leurs ouvrages certaines des décisions qui ont fait jurisprudence et évoqué plus ou moins précisément la question de la prise en compte des importations étrangères. En pratique, le problème n'a été directement traité que dans un faible nombre d'affaires. La décision considérée par certains commentateurs comme directement pertinente pour l'analyse des conséquences des restrictions à l'importation sur la définition du marché de référence remonte à 1964 : U.S. contre Standard Oil (Indiana). La Cour a tenu compte du pouvoir que le gouvernement a de supprimer, par un texte réglementaire, les restrictions sur le marché et a jugé, en conséquence, que les capacités étrangères de production de pétrole brut devraient être comprises dans la définition du marché même si elles étaient soumises à des restrictions.

D. Baker, ancien Assistant Attorney General au Département américain de la Justice, a fourni des exemples de catégories de marchés pour lesquelles des décisions ont été prises par les tribunaux dans un article de 1984 résumé ci-dessous. Les exemples sont regroupés dans les trois catégories suivantes :

a) Marchés purement internationaux

Selon Baker, "en raison de l'absence d'obstacles tarifaires, de l'importance des coûts de transport par rapport aux prix, des économies d'échelle ou de la spécialisation dans la production et de la nature de la demande, les marchés de certains produits peuvent être purement internationaux". L'auteur se réfère à trois cas. Dans le premier, United States contre Tracinda Investment Corporation (1979), le Tribunal a jugé que le marché géographique pertinent pour la production et la distribution des films était mondial. Dans la seconde affaire, Gearhart Industries Inc. contre Smith International, Inc. (1984) le juge a estimé que le marché de certains instruments de mesures [measurement-while-drilling equipment (MWD)] était un marché mondial ; il s'est fondé sur des documents de la compagnie et sur les ventes qui prouvaient que la desserte du marché avait une ampleur mondiale. Ainsi que le souligne l'auteur, le fait qu'un marché soit purement international n'implique pas en soi que la transaction ne puisse pas être interdite. Ceci est illustré par la procédure d'autorisation ("business review") donnée par le Département de la Justice, en 1976, pour une entreprise commune créée sur le marché des moteurs d'avion sur lequel environ six firmes étaient en concurrence au niveau mondial ; par contre, pour une autre entreprise commune impliquant les mêmes entreprises, l'autorisation a été refusée au motif que les effets concurrentiels des deux transactions étaient différents (72).

b) Marchés nationaux avec importations importantes

Déjà dans Alcoa (1945), une distinction générale avait été faite entre la concurrence nationale et la concurrence étrangère : "la première est quantitativement limitée et ne peut croître que par une augmentation du nombre des établissements de production et du personnel ; la seconde résulte de producteurs qui, selon notre hypothèse, produisent davantage qu'ils n'importent et qu'une augmentation de prix devrait vraisemblablement inciter immédiatement à détourner à destination du marché américain des biens qu'ils vendaient auparavant ailleurs" (73). En 1984, une décision importante, LTV et Republic Steel, a permis de tester les critères sur la concurrence étrangère figurant dans les Principes directeurs sur les fusions de 1982. Le Département de la Justice a tout d'abord annoncé qu'il avait l'intention d'interdire la fusion car il considérait que la concurrence étrangère ne constituerait pas une pression suffisante, principalement en raison des "préférences d'achats des consommateurs" ainsi que des "quotas et des autolimitations à l'importation existantes". Le Département de la Justice a pourtant finalement accepté un "consent decree" autorisant la fusion à la condition que deux usines productrices d'acier soient démantelées. En approuvant ce "consent decree" au moment où il a été contesté, la Cour du district de Columbia a jugé que "... les importations étrangères actuelles et potentielles ont des conséquences importantes sur les prix intérieurs en déterminant la dimension du marché de produits de référence... La concurrence étrangère doit donc être incluse pour déterminer la taille des parts de marché et le degré de concentration sur ce marché" (74).

c) Marchés intérieurs sur lesquels les firmes étrangères sont des concurrents à l'accès

Dans certains cas, la perception d'une menace d'accès sur le marché de fournisseurs étrangers exerce des pressions concurrentielles plus fortes sur les entreprises nationales que les importations réellement réalisées sur le marché intérieur. Deux affaires illustrent une telle situation. Dans le premier cas, United States contre El Paso Natural Gas Co (1964), la fusion a été interdite au motif que l'acheteur, la société de pipeline Northwest, avait fait preuve, par ses offres répétées pour l'approvisionnement en gaz naturel de la Californie, de ce qu'elle était un concurrent réel de la compagnie qu'elle se proposait d'acheter, El Paso, le seul fournisseur de ce produit en Californie. La Cour a jugé que "les entreprises qui font des offres pour l'obtention d'un marché et échouent ne sont pas pour autant des concurrentes moins sérieuses que celle qui a obtenu le marché" (75). La seconde affaire, Brunswick-Yamaha (1981), a déjà été traitée dans le rapport de l'OCDE sur les entreprises communes (76). La société japonaise a été considérée comme un "entrant potentiel réel" ("actual potential entrant") et la FTC a jugé que l'entreprise commune avait pour effet de rendre le marché moins concurrentiel que celui qui aurait résulté d'une entrée indépendante de Yamaha (77).

Il est utile d'observer que l'illégalité fondée sur une perte d'une telle "concurrence potentielle réelle" paraît être devenue plus difficile à établir aux Etats-Unis depuis la décision prise par la Commission dans Brunswick. Le plus difficile est de prouver que l'entrant potentiel aurait probablement accédé sur le marché en l'absence de l'entreprise commune (ou de la fusion). La Commission a jugé que Yamaha aurait pénétré sur le marché américain en l'absence de l'entreprise commune, en regardant à la fois les facteurs économiques objectifs qui rendaient le marché attractif pour Yamaha et les "plans concrets d'entrée" sur ce marché que Yamaha avait formulés en cas de non réalisation de l'entreprise commune. Plus récemment, dans l'affaire BAT-Appleton (78), la décision de démantèlement qui avait été préalablement prise a été renversée et la Commission elle-même s'est refusée à interdire la fusion sur la base de la théorie de la concurrence potentielle réelle en l'absence d'une preuve claire de l'intention subjective d'entrée (79).

C. PRINCIPES DIRECTEURS A L'EGARD DES FUSIONS DE 1984

La présentation qui précède de la littérature et de la jurisprudence américaines indique une tendance croissante à l'inclusion de considérations relatives à la concurrence étrangère dans l'analyse antitrust appliquée aux fusions. Le Département de la Justice, avec la publication des Guidelines de 1982 (révisées en 1984), a apporté une contribution importante et nouvelle à la clarification de la définition du marché aux fins de l'analyse des fusions. Les Guidelines de 1982 indiquaient déjà clairement que la concurrence étrangère joue fréquemment un rôle important dans l'analyse en matière de fusions mais ils n'expliquaient pas dans un détail suffisant comment les importations et les capacités étrangères devraient être prises en compte. Cette tentative a été faite lors de leur révision en 1984. Les Guidelines de 1984 renforcent la nécessité d'identifier la concurrence étrangère et en traitent explicitement de façon détaillée (en particulier, les sections 2.34 et 3.23).

Les Guidelines définissent un marché comme un groupe de produits et de zones géographiques sur lequel une entreprise hypothétique, qui serait l'unique fournisseur réel et futur, de ces produits dans cette zone, posséderait une puissance sur le marché, définie comme le pouvoir de restreindre la production et d'augmenter les prix tout en réalisant des profits. Une entreprise, qui serait le seul fournisseur réel de ces produits dans cette zone, ne serait pas considérée comme capable d'exercer sa puissance sur le marché si ses tentatives en vue d'imposer une faible, mais non négligeable et non transitoire, hausse de prix produisaient un effet de report des acheteurs sur d'autres produits ou sur des produits distribués dans d'autres zones géographiques, ou avaient pour conséquence que d'autres entreprises pénètrent sur le marché de ces produits. L'existence d'entreprises vendant des produits substituables ou qui sont des "entrants" potentiels sur ce marché empêcherait l'exercice de cette puissance sur le marché. Les Guidelines traduisent cette règle de la puissance sur le marché selon une norme de définition du marché connue comme le "test des cinq pour cent". Les marchés sont délimités en postulant une hausse faible, mais néanmoins non négligeable et non transitoire des prix -- généralement de cinq pour cent par an pour chacun des produits de chaque entreprise participant à la fusion -- dans la zone où se trouve cette entreprise et en examinant les réponses probables des acheteurs, des vendeurs des autres produits et des vendeurs opérants dans d'autres zones géographiques. Si ces réactions de la concurrence ont pour effet de rendre la hausse des prix non profitable, alors la zone géographique et le groupe de produits sont étendus afin d'inclure d'autres produits et d'autres zones jusqu'à ce qu'il apparaisse profitable d'imposer une telle hausse de prix. A ce stade, le groupe de produits et la zone qui ont été retenus sont considérés comme constituant le marché de référence.

Les Guidelines de 1984 sont neutres par rapport au traitement à accorder aux entreprises étrangères et elles soulignent explicitement que, d'une manière générale, les critères qu'elles contiennent pour la définition du marché de référence et le calcul des parts de marché s'appliquent de façon égale aux entreprises étrangères et aux entreprises nationales. Que les marchés soient évalués en dollars ou en volume, la part de marché correspondante des entreprises étrangères qui sont susceptibles d'être incluses dans le marché de référence américain est mesurée de façon similaire. Si les capacités, les réserves ou la production sont exprimées en dollars ou en termes physiques pour les entreprises nationales, les parts de marché des entreprises étrangères seront mesurées en fonction des capacités ou des réserves susceptibles d'être dévolues ou en terme de production susceptible d'être importée sur le marché de référence en réponse à une "hausse de prix faible mais significative et non transitoire". Les parts de marché sont assignées entreprise par entreprise mais une part de marché unique peut être attribuée à un pays ou à un groupe de pays si les entreprises de ce pays ou de ce groupe de pays agissent de façon concertée. En outre, l'attribution des parts de marché ne se fait "que dans la mesure où les informations disponibles le permettent."

Pour évaluer la substituabilité géographique, les facteurs pris en compte incluent : les caractéristiques du commerce extérieur des parties à la fusion et de leurs concurrents réels ; la possibilité de s'approvisionner dans des zones différentes ; les différences et similarités dans les mouvements de prix ; les coûts de transport ; les coûts de distribution locale et les capacités excédentaires des entreprises situées à l'extérieur du territoire des parties à la fusion. Pour évaluer la substituabilité par produit, les éléments pertinents incluent la perception, de la part des acheteurs et vendeurs, de cette substituabilité ainsi que les similarités ou différences entre les produits dans un usage quotidien, dans leur modèle, leur composition physique et autres. Pour l'identification des entreprises qui produisent le produit de référence, ces facteurs inclueront la possibilité de détourner des installations de production et de distribution d'un produit vers un autre ainsi que l'existence de produits substituables, recyclés ou reconditionnés. Généralement, d'autres facteurs pertinents et affectant la signification des parts de marché et du niveau de la concentration sont également examinés. Ils peuvent poser davantage de difficultés dans le contexte des fusions internationales. Ces facteurs incluent : les variations des conditions du marché ; l'état financier des entreprises sur le marché de référence ; les quotas ou autres restrictions aux échanges, ainsi que les limites des informations disponibles sur le niveau des capacités de production étrangères, sur les facilités d'accès au marché ainsi que le degré de différence entre les produits et zones géographiques sur ce marché et leurs meilleurs substituts.

Les taux de change et les quotas sont identifiés comme deux des plus difficiles incertitudes dont il faut tenir compte pour définir un marché dans le cadre d'une fusion internationale. En ce qui concerne les taux de change, les Guidelines ne font que les mentionner comme un problème à étudier, en particulier lorsqu'ils "fluctuent de façon importante en rendant difficiles des calculs comparables. Dans ce cas, le volume des ventes peut constituer une meilleure mesure de la part de marché que les ventes en dollars et peut être utilisé à leur place." Ainsi que l'a observé T. Calvani, "il peut se faire que personne ne soit en mesure de formuler les prédictions nécessaires et que, en conséquence, les Guidelines disent déjà à peu près tout ce qui peut être dit à ce sujet". Dans de telles circonstances, "ce que l'on peut faire dans le cadre d'une fusion est de rechercher l'opinion des parties qui fusionnent sur l'évolution des taux de change ; si elles ont fondé leurs plans sur l'hypothèse que le dollar va chuter, il peut être de bon sens pour nous de partir de la même hypothèse" (80).

En comparaison de leur brièveté sur les taux de change, les Guidelines sont beaucoup plus explicites sur les restrictions à l'importation et fixent deux règles. Tout d'abord, aucune entreprise étrangère n'est exclue du marché pour la seule raison que ses ventes aux Etats-Unis sont soumises à des quotas à l'importation. La raison invoquée est qu'il est difficile d'évaluer les effets d'un quota donné ou de mesurer la réaction probable de l'offre émanant d'entreprises établies dans des pays non soumis au quota. Cependant, la seconde règle prévoit que les effets du quota soient pris en compte pour l'interprétation qui peut être faite des parts de marché. Les parts de marché attribuées à un concurrent étranger n'excèderont pas le montant des importations autorisées si un quota empêche un concurrent étranger d'accroître le montant de ses ventes en destination des Etats-Unis en réponse à une augmentation des prix. Les Guidelines ne traitent pas d'autres restrictions aux échanges comme les droits de douane. Elles donnent, cependant, l'assurance qu'elles seront examinées par le Département de la Justice comme "facteurs moins déterminants mais néanmoins importants" (section 3.23) car elles peuvent aussi "avoir pour effet que les données sur les ventes et les importations réelles surestiment la capacité concurrentielle future des entreprises étrangères".

D. INFORMATIONS SUR LES MODALITES D'EXAMEN DU MARCHE DANS D'AUTRES PAYS MEMBRES

Il existe moins de bonnes sources d'information sur les modalités de prise en compte des effets de la concurrence étrangère pour l'examen des fusions dans les pays Membres autres que les Etats-Unis (81).

Les dispositions de contrôle des fusions contiennent parfois explicitement un critère de parts de marché pour déterminer si une fusion donnée tombe dans leur champ d'application. Ces parts de marché sont généralement exprimées en terme de marché national (20 ou 25 pour cent étant le seuil le plus fréquemment retenu), en tenant compte des exportations et des importations. Toutefois, que des critères de parts de marché existent ou non, et dans la majorité des pays tel n'est pas le cas, les autorités de contrôle des fusions ont été confrontées dans le passé au problème de la définition des marchés de référence géographique et de produits.

L'approche qui est retenue en France conduit à fonder les décisions sur une analyse multi-critères qui inclue la définition du marché de référence. Pour les trois affaires de fusion qui sont mentionnées ci-dessous, il convient d'observer que la solution retenue à l'époque ne serait pas forcément semblable en application de la nouvelle Ordonnance de 1986. A l'occasion de la fusion Locatel-Thorn examinée par la Commission de la concurrence française en 1979 et qui impliquait l'acquisition d'une société française, Locatel, par une société anglaise, Thorn, la Commission de la Concurrence avait à décider si le marché des téléviseurs de location était le même que celui des téléviseurs vendus ou s'il était nécessaire de définir deux marchés distincts. En se fondant sur la similarité des services rendus par les téléviseurs, qu'ils soient vendus ou loués, et la similarité des coûts encourus par les consommateurs, la Commission a estimé que la vente et la location des téléviseurs constituaient des méthodes de distribution alternatives et substituables pour les consommateurs et a conclu, en conséquence, que le marché de référence était celui de la commercialisation de tous les téléviseurs, qu'ils soient vendus ou loués. Dans ces circonstances, la Commission a estimé que la fusion conférerait aux parties une part de marché globale, pour l'ensemble des téléviseurs, inférieure à 3.5 pour cent (en 1979) et que, en conséquence, la fusion n'était pas soumise à examen de sa part. Cependant, si la Commission avait retenu comme marché uniquement celui des téléviseurs loués, l'acquisition aurait abouti à conférer aux parties une part de marché de 88 pour cent (82). Cette affaire illustre clairement l'importance que revêt la définition du marché de produits pertinent. En effet, selon la détermination faite des produits substituables dans ce cas, l'évaluation des parts de marché pouvait varier de 3.5 à 88 pour cent, ce qui exerce des effets importants sur le résultat de l'examen d'ensemble de la fusion.

Dans un autre cas français examiné en 1984, Cabot Corporation (USA)/Ashland (France), la Commission de la Concurrence a recommandé l'interdiction d'une fusion dans le secteur du noir de carbone, au motif que celle-ci conférerait une position dominante aux parties qui détiendraient alors plus de la moitié de la production française du noir de carbone et contrôleraient ainsi 30 pour cent des importations. Dans ce contexte, la Commission a pris en compte les importations et les exportations, y compris leurs coûts de transport, et les capacités productives d'un certain nombre de pays ainsi que l'existence de fournisseurs potentiels, avant de conclure que la fusion n'améliorerait pas suffisamment la balance commerciale ou les perspectives d'emploi pour compenser les restrictions de concurrence (83).

A l'occasion d'un troisième cas français également examiné en 1984, la Commission de la Concurrence a considéré que, étant donné l'existence d'importantes capacités de production excédentaires à l'étranger, il était improbable qu'une nouvelle entreprise puisse accéder au marché et soit susceptible de compenser la suppression totale de concurrence réelle entre les parties à la fusion, Rohm and Haas et Duolite, dans le secteur des résines échangeuses d'ions. La fusion a néanmoins été autorisée sous certaines conditions (84).

Dans le projet de fusion Philip-Morris/Rothmans interdit par l'Office fédéral des ententes allemand, le marché de produits pertinent a été limité aux cigarettes dans la mesure où les cigares, le tabac de pipes et d'autres tabacs n'étaient pas perçus par les consommateurs comme substituables. Les obstacles à l'accès sur le marché ont été considérés comme très importants et la possibilité d'exercer une concurrence par la qualité des produits et l'innovation a été jugée très faible : l'accès au marché est en effet restreint par le niveau élevé des coûts de publicité (il représente 20 pour cent du chiffre d'affaires pour obtenir un niveau de profit acceptable) ; des coûts très élevés pour introduire de nouveaux produits ; un marché stagnant ; les sociétés les plus importantes sur le marché ont des ressources comparables ; produit homogène ; des comportements en matière de prix parallèles etc. Dans de telles circonstances, et en l'absence de flux d'importations de l'extérieur, le marché géographique de référence a été limité au territoire national (85).

La Cour Européenne de Justice, en 1987, a examiné le cas Phillip Morris/Rothmans dans l'affaire British-American Tobacco/R.J. Reynolds Industries à la suite de plaintes de deux des concurrents. La Cour de Justice a expressément souligné que "tout accord doit être apprécié dans son contexte économique et notamment à la lumière de la situation du marché en cause". En particulier, la Cour s'est référée aux conclusions de la Commission des Communautés Européennes qui a établi que, à l'exception des marchés français et italiens où il existe des monopoles d'Etat, le marché géographique de référence, c'est-à-dire le marché communautaire, est dominé par six groupes de compagnies parmi lesquelles les plaignants et les sociétés concernées par cette affaire. La Cour a également adopté l'opinion de la Commission selon laquelle "sur le marché des cigarettes, qui est stagnant et oligopolistique, et en l'absence de concurrence véritable au niveau des prix ou de la recherche, la publicité et l'acquisition d'entreprises constituent les principaux instruments pour accroître la part de marché d'un opérateur économique. D'autre part, le marché étant dominé par de grandes entreprises, disposant de moyens et de connaissances techniques considérables, et la publicité étant d'une grande importance, il serait très difficile, pour une entreprise nouvelle, d'y pénétrer" (86).

Depuis l'adoption de la nouvelle loi sur la concurrence au Canada, deux opérations de concentration importantes ont été examinées. Dans ces affaires, la concurrence à l'importation réelle ou potentielle a constitué un facteur important dans la décision du Directeur de ne pas attaquer l'acquisition auprès du Tribunal de la concurrence. En 1987, Fletcher Challenge Limited, un grand conglomérat néo-zélandais détenant Crown Forest Industries Limited de Colombie Britannique, a acquis une participation majoritaire dans British Columbia Forest Products Limited. Cette transaction a eu pour effet de réduire de trois à deux le nombre de producteurs de journaux dans l'ouest du Canada et d'augmenter encore le degré déjà élevé de concentration sur le marché national. Cependant, il n'a pas été considéré que la concurrence pouvait être réduite de façon substantielle en raison, entre autres motifs, de la vente ou de la probabilité de ventes d'imprimeries en dehors de la région incluant les Etats-Unis. Dans le projet d'acquisition de Dome Petroleum Limited par Amoco Canada Limited (une filiale de Amoco Corporation, Etats-Unis), l'opération, lorsqu'elle se réalisera, augmentera le degré de concentration sur le marché des gaz naturels liquides comme le propane et le butane. Cependant, le Directeur a indiqué que les effets concurrentiels de la fusion étaient susceptibles d'être atténués par les conséquences positives du jeu des forces du marché au niveau international et la possibilité de sources nouvelles et alternatives de gaz naturel liquide à la fois au Canada et aux Etats-Unis.

II. PROBLEMES DE PROCEDURE ET DE COMPETENCE DANS LE CADRE DES FUSIONS INTERNATIONALES ET MESURES CORRECTIVES

Les variations entre pays Membres de l'OCDE entre les principes et les méthodes appliquées pour le contrôle des fusions dans la pratique quotidienne proviennent largement de différences de vues sur le rôle que les gouvernements doivent jouer dans le monde des affaires, par exemple par la détention d'entreprises publiques et en en contrôlant les politiques ou les financements. Dans ce contexte, les fusions internationales peuvent être considérées par les gouvernements comme importantes stratégiquement dans la mesure où elles exercent des effets sur les structures nationales du marché. En tant que telles, elles peuvent être également sources de conflits. Cependant, comme cela a déjà été mentionné, la jurisprudence sur les fusions internationales est rare car, dans la plupart des cas, les affaires sont résolues de manière informelle à l'issue de procédures administratives et les procès privés visant à interdire des fusions ne sont pas fréquents.

Le fait que les fusions internationales puissent être soumises aux lois de plus d'un pays est inhérent à leur nature. Dans de tels cas, la fusion peut ne pas être considérée comme soulevant des problèmes de concurrence dans un pays mais être jugée anticoncurrentielle dans un autre pays. Parmi des exemples récents, on peut citer British Telecommunications (UK)/Mitel (Canada) (87), Elders (Australie)/Allied-Lyons (Royaume-Uni) (88), Deere (USA)/Versatile (Canada) (89). En outre, la même fusion internationale peut être examinée par deux ou plusieurs autorités de la concurrence selon des critères qui diffèrent, comme dans l'affaire Philip Morris/Rothmans (90) (qui a été examinée à la fois par l'Office fédéral des ententes allemand et la Commission des Communautés Economiques Européennes).

Les problèmes de procédure et de compétence résultant de tels cas peuvent être regroupés en trois sections distinctes : i) les procédures de notification des fusions et de coopération entre autorités de la concurrence ; ii) l'obtention de l'information à l'étranger susceptible d'être utile à l'évaluation des conséquences de la fusion ; iii) les mesures correctives disponibles.

A. LES PROCEDURES DE NOTIFICATION ET DE COOPERATION ENTRE AUTORITES DE LA CONCURRENCE

A l'occasion de la mise en oeuvre au jour le jour du droit de la concurrence, des problèmes peuvent résulter de l'existence de procédures différentes dans les pays Membres, par exemple dans le domaine de la notification. En général, l'entreprise acquéreuse ou qui fait l'objet de l'acquisition doit être située sur le territoire national pour être soumise aux obligations de notification mais, dans certains pays, la notification est obligatoire pour certaines fusions étrangères qui exercent des effets substantiels sur le marché national. La mise en oeuvre de ces obligations dans ces pays présuppose à chaque fois que l'on prenne dûment en considération le droit international. Des sanctions pénales ou administratives sont généralement prévues en cas de défaut de notification ou en cas de fourniture d'informations fausses ou incomplètes dans les pays où cette notification est obligatoire. Les entreprises peuvent être poursuivies et pénalisées par des autorités de la concurrence étrangère pour la non-observance de ces règles de notification alors que, dans le même temps, le projet de fusion a été autorisé par les autorités de la concurrence du pays hôte. En particulier, le défaut de notification des fusions purement étrangères a parfois donné lieu dans le passé à des décisions des tribunaux ou à des procédures administratives dans certains pays Membres.

La Cour Suprême fédérale allemande a jugé, en 1979, que les obligations de notification des fusions étaient applicables à la société mère allemande d'une compagnie américaine qui avait racheté une autre entreprise américaine, dans la mesure où ce rachat avait des effets immédiats et perceptibles sur les conditions concurrentielles sur le marché national de référence ("Organische Pigmente") (91). Les effets sur le marché sont perceptibles lorsque les conditions structurelles de la concurrence intérieure sont affectées par la fusion (par exemple accroissement des parts du marché national, renforcement d'un savoir-faire ou de la puissance financière, accès à des marchés d'offre et de vente de biens et de services).

Bien que l'applicabilité des procédures de notification ait parfois été contestée par les entreprises impliquées dans des affaires de fusions internationales, le gouvernement du pays dans lequel l'entreprise acquéreuse est située les perçoit généralement comme des conditions légitimes à l'acquisition d'une firme étrangère et non pas comme une atteinte à la souveraineté nationale (92). En outre, les pays Membres n'ont pas fait mention de cas dans lesquels les lois de blocage aient été invoquées dans le cadre des fusions internationales, afin d'empêcher la transmission d'informations à une autorité en train d'enquêter. En fait, la situation la plus courante est que le gouvernement concerné par une fusion notifiée coopère volontairement à l'enquête. Dans ce contexte, un usage fréquent a été fait dans le passé des procédures de coopération qui sont contenues dans la Recommandation du Conseil de l'OCDE et dans les accords bilatéraux de coopération antitrust.

Dans la très large majorité des cas, les instruments bilatéraux et internationaux de coopération entre gouvernements se sont révélés efficaces car ils contiennent généralement des procédures d'échanges d'informations ainsi que des procédures de consultation après la notification et avant la prise de décision finale. Par exemple, en 1986, un nombre important de réunions et d'échanges de lettres s'est produit entre les gouvernements américain et canadien dans l'affaire Deere (US)/Versatile (Canada) en accord avec le mémorandum d'entente signé entre les deux pays en 1984 (93). D'autre part, les autorités de la concurrence australienne et britannique ont eu des contacts et ont coopéré à propos du rachat proposé de Allied Lyons (Royaume-Uni) par Elders (Australie) dans l'industrie britannique de la bière, en 1985 (94). Au cours des dernières années, bon nombre de contacts et d'actions de coopération ont eu lieu entre autorités de la concurrence australiennes et néo-zélandaises en raison de l'accroissement du nombre de fusions entre entreprises situées des deux côtés de la mer de Tasmanie. Dans l'affaire Philip Morris/Rothmans qui a été traitée par l'Office fédéral des ententes allemand, un certain nombre de pays ont été impliqués dans le processus de consultation en conformité avec la Recommandation de l'OCDE. Dans la décision elle-même, l'Office a également noté que le Département britannique de l'Industrie avait fait référence à cette recommandation et demandé des consultations qui se sont déroulées avant l'adoption de la décision (95). Dans la même affaire, revue cette fois au niveau communautaire, des consultations intensives ont été organisées au titre de la Recommandation entre la Commission des Communautés Européennes et les gouvernements concernés par l'enquête (96).

B. DIFFICULTES D'OBTENTION DE L'INFORMATION

Les difficultés d'obtention d'informations ont été traitées en détail dans le rapport de l'OCDE sur la coopération internationale pour la collecte de renseignements (1984). Le rapport observait que les enquêtes de concurrence sur des transactions internationales avaient parfois créé des problèmes de compétence et autres. Le rapport examinait également les arrangements internationaux en vigueur et qui ont été conclus afin de faciliter les enquêtes ; il présentait aussi un certain nombre de suggestions tendant à améliorer la coopération internationale. Il a principalement abouti à la révision de la Recommandation du Conseil de l'OCDE sur la coopération entre pays Membres dans le domaine des pratiques commerciales restrictives affectant les échanges internationaux.

Dans le contexte des fusions internationales, le principal problème réside dans la localisation fréquente à l'étranger de l'information utile à l'enquête, par exemple les données sur les variations des conditions du marché, la situation financière des entreprises étrangères concurrentes, le niveau des capacités de production étrangères, les différences entre les produits des entreprises qui fusionnent et leurs meilleurs substituts étrangers. Il est généralement plus facile d'obtenir des informations des parties à la transaction que des tiers car l'opération ne peut le plus souvent pas être réalisée avant que les demandes d'informations des autorités de la concurrence n'aient été satisfaites. Les informations peuvent être difficiles à obtenir de l'étranger par le biais d'envois de demandes d'informations ou d'enquêtes impliquant des personnes ou des entreprises situées à l'étranger pour diverses raisons déjà identifiées en détail dans le rapport sur la collecte des renseignements à l'étranger.

Deux éléments peuvent être particulièrement pertinents dans le cadre des fusions internationales : les contraintes de temps et la confidentialité. Comme pour les fusions nationales, des contraintes de temps sont généralement imposées aux autorités de la concurrence pour décider si une fusion prénotifiée doit être interdite ou non. Aux Etats-Unis, par exemple, aux termes du Hart-Scott-Rodino Act, les autorités antitrust disposent de 30 jours à partir de la notification (20 jours dans le cas des offres publiques) pour décider si une deuxième demande d'information doit être envoyée ou non. Les contraintes de temps peuvent constituer une limitation majeure dans le cadre d'une enquête sur une fusion impliquant des entreprises étrangères, spécialement lorsque l'information doit être obtenue de parties tiers. Ainsi que l'a observé un représentant de la FTC, "la meilleure preuve de l'intention d'accéder sur un marché, dans le cas d'une variation de prix, viendra certainement des personnes qui sont susceptibles de réagir à une augmentation des prix. Lorsque les parties tiers sont étrangères, il peut se produire une situation très difficile. Peu de chefs d'entreprises étrangers sont prêts à répondre à une question traitant de leurs plans de production ou de marketing en cas d'augmentation des prix" (97). En particulier, la démonstration qu'une entreprise étrangère impliquée dans une fusion est un entrant potentiel doit être fondée sur "des plans concrets". De tels "plans concrets", cependant, peuvent ne pas être toujours à la disposition des autorités de mise en oeuvre du droit de la concurrence, particulièrement si l'entrant étranger potentiel est bien conseillé et averti que la rédaction de tels plans ou la fourniture d'un témoignage en ce sens pourait servir de fondement à l'interdiction d'une entreprise commune ou d'une fusion (98). D'un autre côté, la coopération volontaire d'une entreprise étrangère dans le cadre d'une enquête sur une fusion se fait généralement de bon coeur, dans la mesure où ceci peut faciliter l'approbation de la transaction par l'autorité chargée de son examen ou lorsque, en tant que tierce partie, elle estime que ses intérêts pourraient être affectés par une fusion à l'examen.

La confidentialité des informations relatives aux affaires de fusions internationales peut constituer un autre problème. Les incertitudes résultant d'un manque de renseignements en raison de leur confidentialité, bien que celle-ci soit destinée à protéger les intérêts de l'entreprise nationale, peuvent faire obstacle à une appréciation correcte, par le pays investigateur, des effets de l'acquisition internationale sur son propre marché. Dans de nombreux cas, ces problèmes sont résolus par le fourniture volontaire des informations par les entreprises qui font l'objet de demandes émanant des autorités étrangères. Par exemple, au cours de l'enquête sur l'entreprise commune GM/Toyota, des informations confidentielles ont été obtenues de Toyota après des négociations entre Toyota et les officiels de la Federal Trade Commission (99). Dans un autre cas traité par la FTC, une entreprise britannique et le Gouvernement britannique ont protesté contre les caractéristiques d'une demande complémentaire d'informations et les conditions qui étaient mises à sa satisfaction. Après négociation, les parties ont été en mesure de satisfaire cette demande et la Commission a accepté un règlement contractuel ("consent order") (100).

Des problèmes de confidentialité peuvent également se poser dans le cadre d'échanges d'informations entre autorités de la concurrence. Comme l'établissent les Principes directeurs annexés à la Recommandation du Conseil de 1986, il est, par conséquent, important que "à la demande du pays fournissant les informations, le pays qui les reçoit [...] considère les informations comme confidentielles et ne les divulgue qu'au moment où le pays les ayant fournies juge bon de les divulguer ou y est contraint par la loi."

Il peut aussi se produire que, pour des raisons de confidentialité, les renseignements diffusés sur une décision relative à une fusion internationale soient insuffisants pour bien rendre compte des caractéristiques spécifiques de l'affaire, des critères qui ont été appliqués ainsi que des fondements de la décision des autorités de la concurrence. Cet état de fait peut porter atteinte à une bonne compréhension des critères nombreux et parfois divergents qui sont appliqués en matière de contrôle des fusions dans les pays Membres et avoir pour effet de décourager certaines transactions. Ainsi, en 1984, une compagnie britannique, BAT Industries, après retrait d'une plainte de la Federal Trade Commission relative à l'acquisition d'une société américaine, Appleton Papers, après six ans de procédure administrative, s'est plainte de ce que son manque de connaissance des procédures antitrust américaines constituait un handicap. Elle a également déploré que "les coûts encourus pour sa défense aient représenté plusieurs millions de dollars d'honoraires pour les avocats, d'innombrables heures prises sur le temps de travail des cadres et provoqué beaucoup de paperasseries" (101). Cette affaire souligne également les difficultés qu'ont rencontrées les autorités chargées de l'enquête et qui n'ont pas été en position de fournir la preuve évidente selon laquelle la société étrangère, BAT, serait entrée seule sur le marché en l'absence de l'acquisition.

C. MESURES CORRECTIVES

1. Questions de compétence

Des dispositions spéciales peuvent devoir être prises dans le cadre des mesures correctives appliquées aux fusions internationales, afin de tenir compte de la nature internationale de la transaction et d'éviter d'enfreindre la souveraineté ou la compétence d'un autre pays. De telles considérations peuvent être incluses directement dans la législation comme c'est le cas en Australie. Ainsi que cela a été décrit dans le chapitre 2, la section 50A a été introduite dans le Trade Practices Act pour traiter des fusions entre des sociétés mères purement étrangères et résultant en une domination du marché provoquée par la fusion de leurs filiales australiennes. Afin de tenir compte des potentiels de conflit entre lois et politiques étrangères, une série de procédures et de mesures correctives particulières sont contenues dans la section 50A qui vise simplement les filiales nationales des sociétés mères étrangères qui fusionnent. En conséquence, au titre de cette section, seule la dissolution de la fusion de fait intervenue entre les sociétés implantées en Australie peut être ordonnée.

A ce jour, aucun autre pays n'a adopté une disposition semblable et spécifique dans son droit de la concurrence. Cependant, les préoccupations de compétence sont généralement prises en compte par les autorités administratives et/ou les tribunaux soit au niveau de l'enquête soit au stade de la mise en oeuvre du droit. Bayer/Firestone constitue un cas connu d'une interdiction pure et simple d'une fusion purement étrangère en raison de ses effets sur le marché allemand. En 1980, l'Office fédéral des ententes a notifié à Bayer AG (Allemagne) son interdiction de l'acquisition préalablement notifiée d'une division de Firestone France par Bayer France, filiale de Bayer AG, qui devait se dérouler en France. Le projet d'acquisition a été jugé comme susceptible d'accroître la position déjà dominante de Bayer en Allemagne sur le marché du caoutchouc synthétique. Appel a été fait de cette décision devant la Cour d'appel de Berlin. Bayer a invoqué deux motifs fondamentaux : i) le projet de fusion avait été auparavant expressément approuvé et encouragé par le Gouvernement français pour des raisons économiques et sociales (102) et ii) en tant que société française, elle n'était soumise qu'aux dispositions de la législation française et non à celles de la législation allemande. La Cour d'appel a renversé la décision de l'Office pour vice de forme, sans décider au fond des problèmes de compétence impliqués dans l'affaire (103).

Afin d'éviter des conflits de juridiction, la dissolution, conçue comme une mesure corrective des effets anticoncurrentiels perceptibles d'une fusion ou d'une acquisition, a fréquemment été limitée aux effets nationaux de la transaction. En 1970, le Département de la Justice américain a introduit une procédure d'interdiction du projet de fusion entre deux sociétés chimiques suisses ayant des filiales importantes et concurrentes aux Etats-Unis. Dans cette affaire, la défense était représentée à la fois par les sociétés mères suisses, Ciba Ltd. et Geigy S.A., et par leurs filiales américaines, Ciba Corporation et Geigy Chemical Corporation. Le "consent decree" qui a mis fin à la procédure a fait obligation aux deux filiales américaines de se séparer des lignes de produits sur lesquelles elles étaient concurrentes mais n'a pas visé à interdire la fusion des deux sociétés mères suisses (104). Par ailleurs, le Département de la Justice a interdit l'acquisition par une société américaine d'une entreprise britannique dans l'affaire American Brands/Ofrex. Bien que l'acquisition se soit réalisée par l'intermédiaire de la filiale britannique d'une société américaine, l'action n'a été intentée que contre la société mère américaine afin d'éviter des problèmes de compétence (105).

En Allemagne, la décision prise par la Cour d'appel de Berlin dans l'affaire Philip Morris/Rothmans a posé d'importants problèmes relatifs au champ d'application du droit de la concurrence allemand, aux difficultés de procédure liées à l'enquête et aux mesures correctives qui pouvaient être appliquées. Dans cette affaire, l'Office fédéral des ententes a interdit la fusion des sociétés mères étrangères en établissant clairement, cependant, que la procédure de démantèlement consécutive à l'interdiction serait limitée aux filiales allemandes des sociétés mères étrangères. La Cour d'appel de Berlin a jugé qu'il était, sur le plan des principes, admissible que des autorités nationales investies d'un pouvoir souverain réglementent des activités menées en dehors du territoire national mais produisant des effets sur ce territoire ; elle a aussi exprimé l'opinion selon laquelle la législation nationale doit fournir une base suffisante à cet effet et ne peut pas aller à l'encontre des principes de droit international de non-interférence. Aux termes de la décision de la Cour d'appel, les dispositions nationales de contrôle des fusions visent exclusivement à protéger le marché national et, en conséquence, les décisions d'interdiction doivent être limitées aux effets sur le territoire national d'une fusion impliquant des tiers étrangers. Il est suffisant mais également nécessaire, pour la protection de la concurrence sur le territoire national, d'interdire la fusion entre les filiales nationales des sociétés mères étrangères.

Bien que les deux parties à la procédure, les auteurs de l'appel et le FCO aient fait appel auprès de la Cour suprême fédérale sur divers points de droit, la Cour suprême n'a pas clarifié les problèmes liés à l'admissibilité et à la portée des décisions d'interdiction des fusions internationales. Etant donné que les entreprises impliquées avaient restructuré leur schéma de participation à la suite de la décision de la Cour d'appel (afin que ce schéma ne constitue plus une fusion aux termes de la loi sur les restrictions de concurrence) mais avant le jugement de la Cour suprême fédérale, cette dernière Cour, dans sa décision d'octobre 1985, a estimé le cas réglé car, à la suite des changements intervenus dans les accords contractuels entre les parties à la fusion, la décision originelle de l'Office n'était plus applicable (106).

Les considérations de la Cour de Berlin exposées ci-dessus peuvent aider à résoudre beaucoup de conflits de compétence survenant dans des affaires de fusion. Cependant, il est des cas dans lesquels l'application du droit national en vue de supprimer les effets anticoncurrentiels de la fusion sur le marché intérieur risque de remettre en question l'ensemble du projet, par exemple lorsque les actifs situés dans les pays concernés sont indispensables à la bonne réalisation de la fusion. De tels problèmes ne peuvent être résolus que sur la base des principes de modération et de retenue, en coopération entre les pays Membres concernés et en conformité avec la Recommandation de 1986.

2. Conditions liées à l'autorisation d'une fusion internationale

Les fusions internationales ont, le plus fréquemment, été autorisées à se réaliser sous certaines conditions qui varient largement d'un cas à un autre et d'un pays à un autre. Des exemples sont fournis par les affaires qui suivent.

Dans l'affaire Rohm and Haas déjà mentionnée plus haut, la fusion a été considérée par la Commission de la Concurrence française comme provoquant l'élimination de la concurrence existant entre les deux parties. Néanmoins, la fusion a été autorisée sous certaines conditions, en particulier la protection des emplois au niveau qu'ils avaient atteint à cette époque-là et le maintien de Duolite comme entité juridique établie en France. Une caractéristique intéressante de ce cas est que la fusion Rohm and Haas/Duolite a également été contrôlée par les autorités américaines mais dans un sens différent. Rohm and Haas France et Duolite International étaient respectivement les filiales de Rohm and Haas Corporation et Diamond Shamrock Corporation, toutes deux situées aux Etats-Unis. Le gouvernement américain a introduit une procédure antitrust contre Rohm and Haas pour interdire l'acquisition de l'usine chimique californienne de Duolite qui avait pour effet de réduire de façon importante la concurrence réelle et potentielle entre les deux sociétés, dans la mesure où Duolite et Rohm and Haas produisaient toutes deux des résines échangeuses d'ions. Rohm and Haas a accepté de se défaire de son usine californienne. Dans l'accord qui a réglé l'affaire, elle avait également accepté d'aider le nouveau propriétaire à établir un laboratoire de recherche et de développement, à l'assister pour la production des résines échangeuses d'ions et, enfin, de l'aider également à recruter et entraîner du personnel de vente et du personnel technique pour revivifier la concurrence dans cette industrie (107).

Au Royaume-Uni, le projet d'acquisition de Mitel (Canada) par British Telecommunications (BT) a été soumis, en 1985, à l'examen de la MMC qui a estimé que la fusion réduirait probablement sérieusement la concurrence sur le marché, en ayant des effets contraires aux intérêts des utilisateurs des services de télécommunications qui pouvaient s'attendre à un éventail de choix plus réduit et à des prix plus élevés. Après sa privatisation, BT a été autorisée à conserver une part importante de la puissance monopolistique dont elle jouissait préalablement comme entreprise publique ; et cette puissance serait encore renforcée par l'acquisition d'une société produisant des équipements. Cependant, la MMC a jugé que l'interdiction pure et simple de la fusion priverait BT de l'opportunité de se créer une présence active et efficace sur le marché international des télécommunications. Une majorité de ses membres a jugé que les effets contraires pouvaient être réduits suffisamment si BT était empêchée de racheter les appareils de télécommunications produits par Mitel pour l'usage sur le réseau public ou pour la vente au Royaume-Uni. Le Secrétaire d'Etat a conclu que la concurrence sur le marché britannique serait suffisamment protégée en imposant un plafond à la commercialisation de Mitel par BT, plutôt qu'en interdisant complètement la fusion, et a demandé au Directeur général de l'Office pour la loyauté dans le commerce (DGFT) de chercher à obtenir des engagements sur ces grandes lignes à British Telecommunications. Ceux-ci ont été fournis par BT le 21 février 1986. BT a accepté de limiter la fourniture des appareils Mitel à l'usage de son système public de télécommunications et la distribution de ses propres équipements par l'intermédiaire de Mitel aux utilisateurs finaux au Royaume-Uni au niveau atteint, en valeur, par ces produits en 1985 (108).

A la suite d'enquêtes menées séparément, en 1986, par les autorités de la concurrence canadiennes et américaines, l'achat par la société américaine Deere and Company d'une division d'une société canadienne, Versatile

Corporation, le Département de la Justice a indiqué qu'il ne s'opposerait pas à l'acquisition si un certain nombre de conditions étaient réunies. A l'origine, l'acquisition avait été considérée par Investment Canada comme étant d'un bénéfice net pour le Canada mais le Département de la Justice américain avait exprimé ses préoccupations quant aux conséquences contraires de la fusion sur la concurrence au stade de la vente des gros tracteurs à quatre roues. Versatile était le principal fabricant avec approximativement 33 pour cent des ventes alors que Deere se situait en seconde position avec 26 pour cent. Dans de telles circonstances, le mémorandum d'entente de 1984 signé entre les deux pays fait obligation aux deux gouvernements "de prendre en considération les intérêts nationaux majeurs de l'autre" et de "chercher à réduire par accord et compromis la portée et l'intensité des conflits et ses effets". Le communiqué de presse du Département de la Justice américain mentionnait que "ayant en esprit des intérêts canadiens majeurs dans cette affaire, et conformément à notre obligation souscrite au titre du mémorandum d'entente de 1984 sur la coopération antitrust signé entre les gouvernements américain et canadien", le Département traiterait Versatile comme une entreprise "en faillite" afin qu'elle remplisse les conditions fondamentales lui permettant d'utiliser comme moyen de défense celui qui est prévu dans le droit des concentrations des Etats-Unis pour les entreprises en faillite ("failing company"). Le Département faisait connaître qu'il n'interdirait pas la fusion si une recherche adaptée et menée en vue de trouver un acheteur moins anticoncurrentiel dans les quatre-vingt dix jours n'aboutissait pas (109). La branche d'équipement agricole de Versatile a finalement été vendue à un autre acheteur, la Ford Motor Company, qui ne fabriquait pas de gros tracteurs à quatre roues.

CHAPITRE 4

RESUME ET SUGGESTIONS POUR L'EXAMEN DES FUSIONS INTERNATIONALES

A. RESUME

Une part importante de l'activité en matière de fusions dans les pays de l'OCDE implique une société étrangère soit en position d'acquéreuse soit comme cible de l'acquisition. Cette proportion est particulièrement élevée au Canada où, en 1986, les acquisitions par des sociétés étrangères d'entreprises canadiennes ont représenté à elles seules environ 70 pour cent de l'ensemble des acquisitions (selon des données recensées dans la presse financière). Dans d'autres pays, cette proportion varie entre 8 pour cent (Pays-Bas), 21 pour cent (Danemark : acquisitions par des sociétés étrangères) et 33 pour cent (Royaume-Uni). Aux Etats-Unis, les fusions internationales (acquisitions de l'étranger ou à l'étranger) ont représenté, en 1985, 14 pour cent des transactions (mesurées en valeur). En Allemagne, pays dans lequel les acquisitions réalisées à l'étranger par des entreprises allemandes sont également enregistrées, la proportion de fusions étrangères s'est élevée, en 1986, à 43 pour cent (16 pour cent réalisées à l'étranger et 27 pour cent organisées sur le territoire national mais avec une implication étrangère). Pour les pays de la CEE dans leur ensemble, les chiffres disponibles pour 1985/1986 montrent que les fusions et acquisitions étrangères ont représenté plus du tiers de toutes les opérations de ce type.

La proportion entre fusions étrangères et fusions nationales paraît tendre soit à la stabilité soit à l'accroissement dans tous les pays pour lesquels des données existent. Il existe une tendance croissante à l'augmentation des fusions dans le secteur des services, en particulier dans le secteur bancaire, bien que la majorité des fusions internationales intervienne encore dans l'industrie manufacturière. De nouvelles tendances de l'activité en matière de fusions internationales doivent également être mentionnées : premièrement, un accroissement de la taille des opérations avec l'apparition de fusions très importantes, souvent mentionnées dans la presse comme "méga-fusions" ; deuxièmement, une tendance croissante à l'acquisition par voie d'offres publiques d'achat contestées par la direction de l'entreprise-cible.

Les fusions internationales partagent beaucoup des motivations qui déterminent l'investissement et l'activité en matière de fusions en général. Il n'est pas possible d'aboutir à des généralisations sur l'importance relative des divers déterminants. Les effets concurrentiels des fusions internationales ne paraissent pas être nettement différents de ceux des fusions purement nationales. Cependant, le potentiel de renforcement d'efficacité des fusions peut s'accroître au-delà des frontières ; en particulier, les fusions internationales peuvent permettre d'atteindre des économies d'échelle importantes et d'introduire une concurrence active sur des marchés nationaux fortement concentrés et caractérisés par des obstacles à l'entrée difficiles à surmonter par des entreprises nationales. Il existe néanmoins également des effets anticoncurrentiels potentiels tels que, dans le cas des fusions internationales, l'élimination des concurrents actuels ou potentiels ainsi qu'un accroissement potentiel de la collusion internationale dans l'industrie concernée.

Du point de vue du droit de la concurrence, l'évaluation des fusions internationales ne devrait pas être différente de celle des fusions purement nationales ; elles devraient être analysées, au titre du droit de la concurrence, en fonction des mêmes critères et en soulignant l'importance d'évaluer au cas par cas leurs effets pro- et anticoncurrentiels. Cependant, des plaintes ont été formulées selon lesquelles, dans certains cas, les fusions avec un élément étranger ont donné lieu, au titre du droit de la concurrence, à des enquêtes particulièrement détaillées et longues qui peuvent avoir eu pour effet final d'empêcher ou de décourager l'investissement. Dans les pays dans lesquels les critères de contrôle des fusions incluent un test d'intérêt public, la détention étrangère des capitaux peut constituer un des éléments pris en compte dans la décision d'interdiction d'une transaction, par exemple au motif que la fusion pourrait porter atteinte à l'emploi, aux possibilités d'exportation, à la sécurité nationale ou à l'intérêt national. Les cas dans lesquels le traitement de non-résidents ou d'entreprises résidentes sous contrôle étranger peut aboutir à des discriminations tombent dans le champ d'application des procédures figurant dans le Code de l'OCDE sur les mouvements de capitaux ou dans l'instrument sur le traitement national, respectivement sous la responsabilité du Comité des Mouvements de Capitaux et des Transactions Invisibles et du Comité de l'Investissement International et des Entreprises Multinationales.

Le point de départ d'une bonne évaluation des effets des fusions internationales au titre du droit de la concurrence consiste, comme pour les fusions internationales, à évaluer les parts de marché réelles et à estimer la puissance sur le marché qui risque ultérieurement de s'exercer sur le marché de référence. L'appréciation des effets de la concurrence étrangère s'est révélée être une des questions les plus difficiles à résoudre pour une correcte évaluation des marchés géographiques pertinents, en raison des incertitudes liées à l'évolution des structures et des politiques d'échanges. Les marchés peuvent être considérés comme internationaux s'il n'existe pas de droits de douane ou d'autres obstacles commerciaux importants ; si les coûts de transport rapportés au prix sont négligeables ; s'il est possible de réaliser des économies d'échelle et/ou si la production est nettement spécialisée. Cependant, la présence de ces facteurs ne signifie pas pour autant en soi que le marché est international. Même s'ils sont définis en termes purement nationaux, les marchés peuvent être caractérisés par une concurrence à l'importation active et substantielle. Enfin, il convient de considérer que, même en l'absence d'importations réelles, l'existence de fournisseurs étrangers "à la lisière du marché" ("at the fringe of the market") peut exercer des pressions concurrentielles et influer sur les conditions du marché.

Bien que tous les commentateurs reconnaissent la nécessité de tenir compte de la concurrence étrangère, diverses opinions ont été exprimées quant au volume d'importations ou de capacité de production des fournisseurs étrangers qui devrait être pris en compte. En général, les structures existantes des échanges, de l'offre et de la demande, les coûts de transport, les taux de change et les restrictions commerciales sont compris dans l'analyse de la fusion mais l'importance relative à donner à chacun de ces facteurs n'est pas déterminée et il convient de procéder à une évaluation au cas par cas. Les prédictions les plus difficiles à réaliser dans le cadre de la définition d'un marché ont trait à l'évolution ultérieure des taux de change et des politiques commerciales. Les restrictions commerciales peuvent être soumises à de fréquents changements dans le temps. Leur efficacité peut parfois être mise en doute car elles peuvent être contournées dans une certaine mesure, ou lorsqu'elles ont une nature sélective, elles sont susceptibles d'accroître le volume des importations en provenance de pays non soumis à la restriction.

Par définition, les fusions internationales peuvent être soumises aux lois de plus d'un pays et des conflits peuvent résulter d'une situation dans laquelle une fusion qui ne pose aucun problème de concurrence dans un pays peut être jugée anticoncurrentielle dans un autre.

Les affaires de fusions internationales peuvent poser de délicats problèmes de collecte de renseignements et de recherche de preuves, dans la mesure où les autorités de la concurrence ont besoin de renseignements situés à l'étranger pour évaluer les parts de marché de la partie étrangère, ses capacités de production, ses lignes d'activité et de produits ainsi que celles de ses concurrents. Les délais encourus dans le rassemblement des faits et le manque d'informations comptables sûres et comparables peuvent nuire à certaines évaluations. Dans la plupart des cas, les difficultés relatives à l'obtention d'informations ont été résolues par la fourniture volontaire de renseignements de la part d'entreprises soumises à des demandes émanant d'autorités de la concurrence étrangère et il n'a été fait mention d'aucun cas dans lesquels des parties soumises à une enquête sur une fusion auraient invoqué l'existence d'une loi de blocage pour se soustraire à une demande d'informations.

Le choix des mesures correctives à appliquer a donné lieu au plus grand nombre de problèmes de mise en oeuvre en raison de différences entre les règles de procédure et de fond contenues dans les dispositions de contrôle des fusions des pays de l'OCDE. En particulier, de tels problèmes peuvent se produire lorsque des fusions qui se déroulent à l'étranger ont un effet important sur les activités des filiales opérant sur le territoire national. Ainsi que de récentes évolutions de la jurisprudence l'ont montré, ces problèmes peuvent être résolus de manière satisfaisante par l'exercice de modération et de retenue de la part des autorités de la concurrence nationale en limitant leurs actions à la suppression des effets anticoncurrentiels sur le marché national, sans chercher à exercer leurs compétences sur la fusion étrangère en tant que telle.

B. SUGGESTIONS CONCERNANT L'EXAMEN DES FUSIONS INTERNATIONALES

Au titre du droit et des politiques de concurrence, les fusions internationales devraient être appréciées, au cas par cas, en fonction des mêmes critères que ceux qui sont applicables aux fusions purement nationales. A cet effet, il est fait référence aux suggestions concernant le contrôle des fusions élaborées dans le rapport du Comité de 1984 qui demeurent valides et sont annexées au présent document. Les droits et politiques de la concurrence ne devraient pas être utilisés de façon discriminatoire en vue de décourager les investissements étrangers. Le fait que les capitaux de l'entreprise acquéreuse ou de l'entreprise acquise soient étrangers ne devrait pas concerner, en tant que tel, la mise en oeuvre des droits et politiques de la concurrence bien que la détention étrangère des capitaux puisse, dans des circonstances particulières, poser aux autorités des problèmes bien plus importants que n'importe quel effet de la fusion sur la concurrence.

En conformité avec la Recommandation du Conseil de 1986 sur la coopération entre pays Membres dans les domaines de conflit potentiel entre les politiques de concurrence et d'échanges, les pays Membres, lorsqu'ils évaluent les effets concurrentiels des fusions sur les marchés de référence, devraient tenir compte du rôle des importations et de l'existence d'obstacles aux échanges. Dans ce contexte, les facteurs suivants devraient être intégrés dans l'analyse du marché géographique pertinent :

-- Les structures existantes en matière d'échanges, d'offre et de demande ;

-- Les coûts de transport ;

-- Les systèmes de taux de change ;

-- Les obstacles aux échanges, y compris les droits de douane, les quotas, les autolimitations des exportations et les obstacles techniques aux échanges.

A l'occasion de l'examen de ces facteurs, il conviendrait de prendre soin d'éviter une définition trop étroite des marchés qui ne tiendrait pas suffisamment compte de la concurrence étrangère, réelle ou potentielle. D'un autre côté, l'analyse des marchés devrait éviter l'application de concepts excessivement larges et fondés sur une évaluation irréaliste des importations potentielles, ce qui pourrait conduire à la réalisation de fusions susceptibles de créer une puissance sur le marché. Donc, la dimension internationale des marchés de référence requiert un examen attentif qui prenne en considération, dans la mesure du possible, des prévisions sur les évolutions possibles en matière de droits de douane et de restrictions quantitatives, les limitations des informations disponibles sur les capacités de production étrangères et la possibilité offerte aux firmes étrangères de surmonter les obstacles à l'entrée, l'éventualité de fluctuations des taux de change affectant les importations et, plus généralement, une certaine imprédictabilité de l'environnement du commerce international. De tels critères doivent être appliqués de manière similaire aux fusions nationales et aux fusions internationales.

Lorsqu'ils réalisent des enquêtes sur les fusions internationales et collectent des renseignements situés à l'étranger, les pays Membres devraient continuer à coopérer au titre de la Recommandation de 1986 relative à la coopération entre pays Membres dans le domaine des pratiques commerciales restrictives qui affectent les échanges internationaux, en tenant compte des conclusions et recommandations élaborées dans le rapport du Comité de 1984 sur la collecte de renseignements à l'étranger.

En appliquant leurs droits de la concurrence aux fusions internationales, les pays Membres devraient faire preuve de modération et de retenue et prendre en compte les intérêts importants des autres pays affectés par la fusion. Si la fusion est réalisée à l'étranger entre des sociétés étrangères, les gouvernements devraient limiter leur action à l'adoption des mesures nécessaires à la correction des effets anticoncurrentiels en résultant sur le marché national.

ANNEXE

POLITIQUES A L'EGARD DES FUSIONS ET TENDANCES RECENTES DES FUSIONS

-- Extrait du rapport de l'OCDE sur les politiques à l'égard
des fusions et les tendances récentes des fusions :
suggestions pour le contrôle des fusions (1984) --

Le présent rapport a montré que l'on admet de plus en plus le contrôle des fusions comme un élément essentiel du droit et de la politique de la concurrence. Etant donné la diversité des systèmes économiques, juridiques et sociaux des pays, il n'est pas possible de leur recommander une même politique, mais le contrôle des fusions présente un certain nombre de caractéristiques qui ont démontré leur utilité dans plusieurs pays et qui peuvent être envisagées par les pays qui projettent d'instituer un contrôle des fusions ou de modifier celui qui existe déjà.

Les règles à l'égard des fusions devraient avoir avant tout pour objet leur contrôle préalable plutôt qu'une intervention postérieure à l'opération. L'expérience a montré qu'il est plus facile d'empêcher des fusions non souhaitables que de dissoudre des fusions qui ont déjà été réalisées.

Les critères fondamentaux retenus pour apprécier les fusions devraient tenir compte des avantages et des inconvénients qu'entraînent sur certains marchés les fusions envisagées. Ces critères pourraient aussi tenir compte d'autres facteurs jugés appropriés pour autoriser ou interdire une opération donnée. Dans tous les cas, il est nécessaire de pouvoir raisonnablement prévoir les circonstances dans lesquelles les fusions sont jugées acceptables ou non. Aussi les pays Membres devraient-ils présenter de façon aussi claire que possible les critères qu'ils appliquent, par exemple en expliquant la politique qu'ils suivent lorsqu'ils pratiquent le contrôle des fusions dans certaines catégories de cas. Parmi ces critères pourraient figurer, par exemple, la définition du marché à prendre en considération lors de l'examen d'une fusion, le degré de concentration sur le marché, les obstacles à l'accès et enfin des facteurs se rattachant au comportement de l'entreprise et à ses résultats.

Dans la plupart des pays, les mesures prises visent essentiellement les fusions horizontales, car elles sont susceptibles d'accroître la concentration sur certains marchés ; mais dans certaines circonstances, les fusions verticales ou conglomérales ont, elles aussi, des effets contraires à la concurrence. La recherche économique sur les fusions conglomérales est relativement peu développée et il est difficile de formuler un jugement à priori sur les circonstances dans lesquelles ce type de fusion aura des effets anticoncurrentiels ou suscitera des effets jugés contraires à l'intérêt général. Par ailleurs, dans le cas d'une fusion conglomérale ou verticale, il peut être plus difficile que dans celui d'une fusion horizontale, de déterminer à l'avance l'effet préjudiciable et d'en mesurer l'importance. Néanmoins, les pays Membres devraient chercher à élaborer des procédures de contrôle propres à couvrir ces fusions.

Sur le plan de la procédure, les pays Membres devraient, s'ils ne l'ont pas encore fait, chercher à adopter un système de notification préalable obligatoire des projets de fusion, afin de s'assurer que des fusions importantes n'échappent pas au contrôle, tout en obtenant des renseignements détaillés sur les opérations projetées. A cet égard, les fusions impliquant des entreprises absorbantes et absorbées de petite dimension pourraient être dispensées de la notification préalable, ce qui allègerait leurs obligations tout en simplifiant le contrôle. Toutefois, le système de contrôle pourrait être étendu aux acquisitions d'entreprises relativement petites par de grosses entreprises, de façon à s'assurer que ces acquisitions n'ont pas d'effet préjudiciable sur la concurrence.

Les enquêtes sur les fusions ou les décisions d'attaquer des fusions devraient intervenir dans les plus brefs délais, afin de ne pas causer de préjudice aux entreprises qui projettent de fusionner. En particulier, la décision préliminaire de contester ou d'interdire la fusion, ou encore de saisir l'instance compétente pour une enquête plus approfondie, devrait être prise dans des délais relativement courts et la décision définitive autorisant ou non la fusion devrait être prononcée le plus rapidement possible.

L'expérience a montré l'utilité d'accorder aux tribunaux ou aux autorités administratives le pouvoir discrétionnaire de différer, pour une durée limitée, les fusions contestées, en prononçant une injonction préliminaire, de façon à permettre une enquête approfondie avant la décision finale. Cette mesure évite d'avoir à procéder à une scission, opération qui peut être fort complexe et difficile, au cas où les autorités ou les tribunaux se prononceraient définitivement contre la fusion.

En ce qui concerne les mesures correctives, les pays jugeront peut-être utile d'envisager une troisième solution, autre que l'interdiction ou l'autorisation pure et simple du projet de fusion, à savoir : l'autorisation sous certaines conditions, moyennant l'engagement pris par l'entreprise absorbante ou absorbée d'améliorer les conditions de la concurrence par des mesures relatives à la structure du marché telles que l'abandon de certaines activités des entreprises qui fusionnent.

Le régime fiscal des sociétés dans les pays Membres de l'OCDE pourrait être étudié pour rechercher s'il incite indûment les entreprises à réaliser ou non une fusion, ou à procéder volontairement à la dissolution d'une fusion.

Enfin, le caractère international de bon nombre de fusions et d'autres formes de concentration, dont témoigne l'augmentation, dans de nombreux pays, du nombre d'acquisitions dans lesquelles sont impliqués des intérêts étrangers, pourrait inciter les autorités responsables de la concurrence à tenir davantage compte des facteurs internationaux pour déterminer l'effet que les fusions ont sur leur propre marché, du point de vue de la concurrence. Le Comité d'experts sur les pratiques commerciales restrictives approfondira l'étude de ces questions lors de ses activités futures.

Lorsque les intérêts d'autres pays sont en jeu dans des affaires de fusion, les pays Membres sont encouragés à procéder entre eux à des notifications et à des consultations, conformément aux dispositions de la Recommandation du Conseil de 1979.

NOTES ET REFERENCES

1. L'OCDE a déjà publié quatre rapports dans ce domaine : Fusions et politique de la concurrence (1974) ; Concentration et politique de concurrence (1979) ; Politiques à l'égard des fusions et tendances récentes des fusions (1984) ; et Politique de la concurrence et entreprises communes (1986).

2. Le mandat a été donné au Groupe de travail N° 9 par le Comité en 1983.

3. Cependant, les règles boursières applicables aux acquisitions par offres publiques ne sont pas examinées dans le présent rapport.

4. Voir, notamment, le paragraphe 203 du rapport de 1984.

5. Ces données sont extraites de la Banque de données de Mergers & Acquisitions, (publication by Information for Industry, Philadelphia, USA) : Almanach et Index de 1985, 1986 et 1987. Les opérations qui y figurent impliquent une société américaine et sont évaluées à 1 million de dollars et plus. Sont également incluses les acquisitions partielles de 5 pour cent ou plus des actions d'une société si les montants à payer sont égaux ou supérieurs à 1 million de dollars. On peut également trouver des chiffres détaillés couvrant divers pays Membres dans "International mergers and takeovers: a review of trends and recent developments" par S.J. Gray et M.C. McDermott, European Management Journal, février 1988.

6. Mergers & Acquisitions, Vol. 21, N° 6, mai/juin 1987, p. 57.

7. Basé sur l'exercice fiscal qui va d'avril à mars.

8. Au Canada, l'investissement direct est généralement défini comme l'acquisition d'au moins 10 pour cent des capitaux de l'entreprise faisant l'objet de cet investissement et comme la valeur comptable, à un moment donné, des capitaux à long terme possédés par les investisseurs directs dans les filiales, sociétés affiliées et branches. Les acquisitions étrangères impliquent une société acquéreuse détenue par des capitaux étrangers alors que les acquisitions nationales impliquent une société acquéreuse n'étant pas réputée être sous propriété étrangère ou sous contrôle étranger.

9. Le FIRA est demeuré en vigueur d' avril 1974 à juillet 1985 et a été remplacé par l'Investment Canada Act. Les acquisitions de l'étranger sur le territoire canadien sont notifiées au titre de cette loi. En ce qui concerne les chiffres sur les acquisitions nationales, ils doivent être utilisés avec prudence car ils sont extraits de la presse financière et ne sont pas systématiquement enregistrés au contraire des

investissements de l'étranger. Ils sous-estiment probablement l'activité d'ensemble sur le territoire national.

10. Cf. "les fusions d'entreprises en Suisse de 1973 à 1985", Division des financements spéciaux et de conseil d'entreprise, Société de Banque suisse, janvier 1987.

11. Voir le rapport sur les fusions et acquisitions au Danemark publié par l'autorité de contrôle des fusions, août 1987.

12. Voir les rapports annuels de l'OCDE sur l'Allemagne, 1984-1985 et 1985-1986.

13. Voir le rapport annuel de l'OCDE sur les Pays-Bas, OCDE,1988.

14. Le critère minimum en matière d'actifs qui permet de déterminer si un projet de fusion est soumis aux dispositions du Fair Trading Act a été augmenté en 1984, de 15 millions de livres à 30 millions. Ce changement signifie que les chiffres de 1984-1986 ne sont pas directement comparables à ceux des années précédentes.

15. Les données mentionnées ici sont extraites du 16ème rapport sur la politique de concurrence de la Commission des Communautés Européennes (paragraphes 317 à 328). La période couverte est celle de juin 1985 à mai 1986.

16. Rapport annuel 1985-1986, p. 16.

17. Calculs fondés sur les données fournies par la Délégation néerlandaise dans son rapport annuel à l'OCDE, OCDE, 1988.

18. Calculs fondés sur le tableau 3, p. 215 du rapport annuel du Royaume-Uni pour 1985-1986, OCDE, 1987.

19. Mergers & Acquisitions, op.cit., Almanach 1987, p. 66 et 67.

20. Ibid. page 66.

21. Toutes catégories de fusions inclues : (a + b + c), selon les définitions fournies dans le rapport sur la politique de la concurrence de la CEE cité note 15 ci-dessus.

22. Calculs fondés sur le tableau 1, p. 217 du 16ème rapport, op.cit.

23. Voir Mergers & Acquisitions, op. cit, Almanach 1987, p. 66 et 67.

24. Informations citées par M. Y. Nagatomo, Représentant à Bruxelles de JETRO, dans un rapport sur les investissements japonais à l'étranger à l'occasion d'un Symposium sur "les stratégies commerciales japonaises en Europe et les réponses européennes", Europe Informations Internationales S.A. (Suisse), N° 5454 du 30 octobre 1987.

25. Voir le rapport annuel à l'OCDE des Pays-Bas, 1985-1986.

26. Investissement international et entreprises multinationales : Tendances récentes des investissements directs internationaux, OCDE, 1987, pp. 24-25.

27. Voir note 11.

28. Voir note 10.

29. Industry Week, 7 janvier 1985, citant des statistiques du Département du commerce américain.

30. Par exemple, aux Etats-Unis, les vingt-cinq plus importantes acquisitions étrangères d'intérêts américains ont chacune dépassé 270 millions de dollars en 1986. La plus grande acquisition a été celle de Allied Stores Corp. par Campeau Corp. (Canada) pour 3 608 millions de dollars. La deuxième acquisition en valeur a réuni News Corp. Ltd (Australie), firme acquéreuse, et Metromedia Inc (sept chaînes de télévision), objet de l'acquisition, pour un montant de 1 990 millions de dollars. Dans le sens contraire, à savoir les plus importantes acquisitions par des sociétés américaines d'intérêts étrangers en 1986, les montants impliqués sont moins élevés. Les 10 acquisitions se sont faites à des montants situés entre 62 millions et 246 millions de dollars. La plus importante acquisition a été celle de Seven-Up International (Suisse) par Pepsi Co Inc et la deuxième plus grosse transaction est celle du rachat de Screen Entertainment Ltd. (Royaume-Uni) par le Groupe Cannon Inc. pour 225.7 millions de dollars. Extrait de Mergers and Acquisitions, Almanach 1987, pp. 66-67. Voir aussi les opérations recensées par S.J. Gray et M.C. McDermott, op. cit., note 5.

31. Cf. W. Adams et J. Brooks dans la California Law Review: "The new learning and the euthanasia of antitrust", citant un ouvrage de W.T. Grimm et Cie., "Merger stat. Review" 6, 9 (1985) dans lequel se trouve une liste de "mega-fusions" projetées ou réalisées.

32. La fusion, en avril 1987, entre la société française de semi-conducteurs Thomson-CSF et l'italienne SGS a résulté en la création d'une société de semi-conducteurs de 800 millions de dollars, deuxième société en Europe après Philips (Jifi Press Ticker Service, Singapour, 2 septembre 1987). D'autre part, la fusion entre Asea (Suède) et Brown Boveri (Suisse) va créer un des groupes d'ingénierie électrique les plus grands du monde (Financial Times, 12 août 1987). Des fusions antérieures ont également associé Dunlop et Pirelli dans l'industrie du caoutchouc, Hoesch-Hoogovens dans l'industrie de l'acier, WFW-FOKKER dans l'industrie aérospatiale et créé Unidata dans l'informatique. Voir aussi le rapport de S.J. Gray et M.C. McDermott, op.cit., note 5

33. Cf. par exemple en France, la saisine du Conseil de la Concurrence dans l'affaire de prise de contrôle inamicale de Saint-Louis par Ferruzzi.

34. Cf. en particulier : R.E. Caves et S. Mehra (1985) : "Entry of Foreign Multinationals into US Manufacturing Industries" (non publié) ; S. Globerman (1985) : Canada, dans J.H. Dunning (Ed.) : Multinational Enterprises, Economic structure and international competitiveness

(Chichester: John Wiley and sons); J. Baldwin, Gorecki et McVey (1985): "International Trade, Secondary Output and concentration in Canadian Manufacturing Industries", 1979 (à paraître dans Applied Economics); J. Niosi (1985): "Canadian Multinationals", Toronto: Between the Lines.

35. Voir le rapport de 1974, op.cit., paragraphes 27 et 114 ; rapport de 1984, op. cit., paragraphe 5.

36. Paragraphe 322 du seizième rapport sur la politique de concurrence de la Commission des Communautés Européennes.

37. Cf. le rapport sur les entreprises communes, op. cit., paragraphes 41-50.

38. Op. cit., note 10.

39. Steiner: "Mergers", (pp. 189-195), University de Michigan, (1975) ou Caves : étude de 1985 déjà mentionnée en note 34 et F. M. Scherer: "Industrial Market Structure and Economic Performance (1980)", pp. 127-132. Baldwin et Gorecki, "Mergers policy in Canadian Manufacturing Industry -- 1971-79", Papier de réflexion N° 297, Conseil Economique du Canada. Voir la note 34 et Caves : "Multinational Enterprises and Economic analysis" (1982), P.K. Gorecki, "The determinants of entry by domestic and foreign enterprises in Canadian manufacturing industries: Some comments and results", Review of Economics and Statistics 58, novembre, pp. 485-488 ; H.E. English et R.F. Owens (1981), "The role of marketing in the concentration and multinational control of manufacturing industries", Bureau of Competition Policy, Canada Research Monograph N° 11. Voir également, au Royaume-Uni, Steuer, "Impact of foreign direct investment in the United Kingdom", HMSO, 1973.

40. Cf. rapport de 1984, paragraphe 9.

41. Symposium sur les offres publiques d'achat dans le Journal of Economic Perspectives, vol.2, n.1, hiver 1988, pp.3-82. Jensen (pp. 21-48) avance des arguments selon lesquels le marché du contrôle des sociétés crée de grands avantages pour les actionnaires et l'économie dans son ensemble en modifiant le contrôle de volumes importants de ressources et en leur permettant de se déplacer sur les placements les plus rentables ; il fournit des informations qui confortent ses vues. Scherer (pp. 69-82) qui a passé en revue les opérations de ce type qui se sont déroulées aux Etats-Unis dans les années soixante et au début des années soixante-dix n'a pas trouvé de preuves d'une amélioration significative de la rentabilité des firmes à l'issue de l'offre publique d'achat.

42. Cf. Scherer, op. cit., pp. 249-250.

43. Rapport de l'OCDE sur les entreprises communes, op. cit. paragraphe 61.

44. Voir, en particulier, R. Caves: op. cit., qui donne l'exemple de l'industrie du tabac.

45. OCDE, Paris, 1987.

46. Cf. le tableau comparatif 1, Rapport de 1984 sur les fusions, pp.12-13.

47. Enserch Corporation et Davy Corporation Ltd., rapport de la Commission des Monopoles et des Fusions, septembre 1981, Londres (HMSO).

48. Partie VIII du Competition Act et réglementations d'application entrées en vigueur le 15 juillet 1987 (Voir ATTR, Vol.53, p.128).

49. Discours de M. Goldman des 22-23 octobre 1987 à l'occasion de la 14ème conférence annuelle du Fordham Corporate Law Institute.

50. Article 38 de l'Ordonnance sur la concurrence N° 86-1243 du 1er décembre 1986.

51. Article 27 du Décret N° 86-1309 du 29 décembre 1986 sur les conditions d'applicabilité de l'Ordonnance N° 86-1243.

52. Article 40 de l'Ordonnance.

53. Continental Can Company Inc. (USA): Décision de la Commission CE du 8 février 1972 et parue au Journal Officiel L7, 1972 ; décision de la Cour Européenne de Justice : cas 6/72, 21 février 1973.

54. Affaires jointes 142 et 156/84. Jugement de la Cour de Justice du 17 novembre 1987.

55. Sur le débat général sur l'application des articles 85 et 86 avant l'affaire Reynolds, voir K. Banks, "Mergers and partial mergers under EEC law", 1987 (à paraître).

56. Proposition amendée d'un règlement du Conseil (CCE) sur le contrôle des opérations de concentration entre entreprises.

57. Politique de concurrence et échanges internationaux : instruments de coopération de l'OCDE, OCDE, Paris, 1987, p. 7.

58. Atténuer les obligations contradictoires : Les attitudes de "modération et de retenue", OCDE, 1987.

59. Instruments de coopération de l'OCDE, op.cit., pp. 10-11.

60. Voir Introduction aux Codes de la libéralisation de l'OCDE, OCDE, juin 1987.

61. Cf. Traitement national des entreprises sous contrôle étranger, OCDE, 1985.

62. Citation de Donald I. Baker, Ancien Assistant Attorney General de la Division Antitrust du Département de la Justice : "Market definition in transnational joint ventures, mergers and monopolization", p. 118, 1984 Fordham Corporate Law Institute, Editeur Barry E. Hawk. Cet ouvrage, publié annuellement, contient d'autres articles sur le thème "Antitrust and Trade Policies in International Trade" qui sont également pertinents dans le contexte du présent rapport, en particulier : "Issues in international antitrust discovery: view from the FTC" par

T. Calvani and R.W. Tritell; "Transnational joint ventures and mergers under US antitrust law" by J.T. Halverson; "Importing foreign competition into American antitrust analysis - Is this the new 'new learning'?" by S.M. Axinn, P.E. Greene and P.T. Denis; "Transnational antitrust and economics" by J.A.K. Ordover; "Market definition, mergers and joint ventures": interventions orales d'un certain nombre de participants à la table ronde organisée par la Conférence.

63. Ainsi que l'a observé un commissaire de la FTC, T. Calvani, "ces nouvelles considérations de faits peuvent fortement compliquer le problème déjà complexe de prévision des événements susceptibles de se produire après une fusion ou une entreprise commune. Les facteurs politiques sont de beaucoup les plus importants car ils affectent les échanges et sont volatiles, incontrôlables et, dans une certaine mesure, impossibles à connaître. Comment peut-on se livrer à des prédictions raisonnables sur les effets futurs ... lorsque des éléments aussi importants demeurent aussi obscurs". "Ces prédictions raisonnables doivent parfois se fonder sur des incertitudes politiques et économiques qui sont susceptibles d'affecter l'importance de la concurrence étrangère en sous-évaluant ou en sur-évaluant les importations réelles et potentielles." Remarques sur les "incertitudes des marchés géographiques internationaux" formulées lors de la Quatorzième Conférence Annuelle du Fordham Corporate Law Institute, New York, 22 octobre 1987 (op. cit.). Dans ses "remarques", le Commissaire Calvani a traité en détail des questions liées aux restrictions commerciales et à l'évaluation de la concurrence étrangère.

64. Cf., en particulier, K.G. Elizinga et T.F. Hogarty, "The problem of geographic market delineation revisited: the case of coal", Antitrust Bulletin, Printemps 1978; P. Areeda et D. Turner, "Antitrust Law", 1978; R. Posner, "Antitrust Law: An Economic Perspective", 1976.

65. Alden F. Abbot, Assistant spécial auprès de l'Assistant Attorney General, Antitrust Division, Département de la Justice des Etats-Unis : "Foreign competition and relevant market definition under the Department of Justice's Merger Guidelines", Antitrust Bulletin, Eté 1985.

66. Areeda and Turner, "Antitrust Law", 1978.

67. W.M. Landes et R.A. Posner, "Market power in antitrust cases", Harvard Law Review, mars 1981.

68. Voir Baker, op. cit., p.138.

69. Brennan, "Mistaken elasticies and misleading rules", Harvard Law Review, 1982; Kaplow, "The accuracy of traditional market power analysis and a direct adjustment approach", Harvard Law Review, 1982 ; Schmalersee, "Another look at market power", Harvard Law Review, 1982 ; J. Ordover et R. Willig, "The 1982 Department of Justice Merger Guidelines: an economic assessment", California Law Review, 1983. Voir également l'article d'Ordover cité supra dans l'ouvrage sur la Conférence de 1984 du Fordham Corporate Law Institute.

70. Baker, op. cit., p. 138 : "En résumé, j'ai les plus grands doutes sur le point de savoir s'il est vraiment très souvent approprié d'inclure la totalité des capacités d'un producteur étranger en évaluant les effets sur le marché américain dans le cas où l'entreprise vend très largement sur des marchés étrangers".

71. Abbott, ouvrage cité, pp. 319-320.

72. Cet article de D. Baker est déjà cité ci-dessus. United States contre Tracinda Investment Corp., 477F. Supp. 1093 (C.D. Cal. 1979); Gearhart Industries Inc. contre Smith International Inc., 592 F. Supp. 203, modified on other grounds, 741 F 2d 707 (5th Circ. 1984) (N.D. Tex. 1984).

73. United States contre Aluminium Co. of America, 148 F 2d 415, 426 (2d Cir. 1945).

74. United States contre LTV Corp., 1984-2 Trade Cas. (CCH), paragraphe 66133 à N° 66343 (D.D.C. 1984).

75. United States contre El Paso Natural Gas Co., 376 US 651 (1964).

76. Brunswick Corp., et al. 94 FTC 1174 (1979), décision confirmée dans Yamaha Motor Co. Ltd contre FTC, 657 F. 2d 971 (8th Cir. 1981).

77. Voir dans le rapport sur les entreprises communes les paragraphes 204 à 211.

78. Voir le paragraphe 116 pour une description plus détaillée de l'affaire BAT-Appleton.

79. Financial Times, 2 et 3 janvier 1985.

80. Remarques, op. cit., p.13.

81. Voir, en général, F. Fishwick sur "The definition of the relevant market in the EEC", Document de la CEE, 1986. Focsaneanu: "La jurisprudence de la Cour de Justice des CE en matière de concurrence : marché des produits en considération", Revue du Marché Commun, N° 191, décembre 1975 ; Schroter : "Le concept de marché en cause dans l'application des articles 66, paragraphe 78, du Traité CECA et 86 du Traité CEE", dans la Réglementation du droit communautaire, Collège de l'Europe, Templehof, Bruges 1977 ; Glais et Laurent : "Traité d'économie et de droit de la concurrence", PUF, Paris, 1983 ; Fox : "Abuse of dominant positions under the Treaty of Rome -- comparison with US law", Annual proceedings of the Fordham Corporate Law Institute, 1983.

82. Cf. pour une analyse plus détaillée le rapport de 1984, paragraphe 77.

83. Avis de la Commission de la Concurrence, 10 mai 1984 ; arrêté N° 84-53/C, BOCC, 22 juin 1984.

84. Projet d'acquisition de Duolite International S.A. par Rohm et Haas France S.A. : avis de la Commission de la Concurrence, 2 février 1984, BOCC, 23 octobre 1984.

85. Cour d'Appel de Berlin, Décision du 16 juin 1983 dans la procédure administrative Rembrandt Group et al. contre Office fédéral des ententes : WuW/E OLG 3051 (1983).

86. Affaires jointes 142 et 156/84 : jugement de la Cour du 17 novembre 1987.

87. Rapport de la MMC, 27 janvier 1986. Communiqué de presse, Département du Commerce et de l'Industrie, 21 février 1986.

88. Acquisition projetée dans l'industrie de la bière, 1985.

89. Département de la Justice, Communiqué de presse, 20 juin 1986. Acquisition approuvée formellement par Investment Canada le 13 mars 1986.

90. Voir paragraphes 101-102.

91. WuW/BGH 1613 (1979).

92. Voir, en général, "International Antitrust Discovery and FTC", op. cit.

93. Memorandum d'entente sur la notification, la consultation et la coopération en matière d'application des lois nationales antitrust, 9 mars 1984.

94. Cf. supra note 88.

95. Décision de l'OFE du 24 février 1982, WuW6/1982, p.484.

96. Cf. supra note 86.

97. Cf. "Panel on market definition, mergers and joint ventures", Fordham Corporate Conference, op. cit., contribution orale de E.F. Glynn, Directeur adjoint pour l'antitrust international, Federal Trade Commission, p.256.

98. Dans Brunswick-Yamaha, la FTC s'est référée à de tels "plans concrets d'accès au marché".

99. Cf. détails sur cette affaire dans le rapport sur les entreprises communes, paragraphes 212-220.

100. Cf. "International antitrust discovery and the FTC", op. cit., p.102.

101. BAT Industries-Appleton, para. 89.

102. L'acquisition avait été formellement approuvée par le Ministère français de l'économie et des finances par lettre du 30 juillet 1980.

103. Décision de la Cour d'Appel du 26 novembre 1980 ; WuW6/1981.

104. Procédure entâmée par le Département américain de la Justice en 1970. Communiqué de presse du 17 juillet 1970.

105. Département de la Justice, Communiqué de presse du 2 août 1982.

106. Décision de la Cour Suprême Fédérale, 29 octobre 1985, WuW 6/1986, pp. 481-495.

107. Cf. paragraphe 100.

108. Le rapport de la MMC a été publié le 27 janvier 1986.

109. Département de la Justice, Communiqué de presse, 20 juin 1986.

INTERNATIONAL MERGERS AND COMPETITION POLICY

= Fusions internationales et politique /

ORGANISATION FOR ECONOMIC CO-OPERATION AND DEVELOPMENT

Pursuant to article 1 of the Convention signed in Paris on 14th December, 1960, and which came into force on 30th September, 1961, the Organisation for Economic Co-operation and Development (OECD) shall promote policies designed:

- to achieve the highest sustainable economic growth and employment and a rising standard of living in Member countries, while maintaining financial stability, and thus to contribute to the development of the world economy;
- to contribute to sound economic expansion in Member as well as non-member countries in the process of economic development; and
- to contribute to the expansion of world trade on a multilateral, non-discriminatory basis in accordance with international obligations.

The original Member countries of the OECD are Austria, Belgium, Canada, Denmark, France, the Federal Republic of Germany, Greece, Iceland, Ireland, Italy, Luxembourg, the Netherlands, Norway, Portugal, Spain, Sweden, Switzerland, Turkey, the United Kingdom and the United States. The following countries acceded subsequently through accession at the dates hereafter: Japan (28th April, 1964), Finland (28th January, 1969), Australia (7th June, 1971) and New Zealand (29th May, 1973).

The Socialist Federal Republic of Yugoslavia takes part in some of the work of the OECD (agreement of 28th October, 1961).

The Committee on Competition Law and Policy has already published a number of reports on mergers and concentration, including joint ventures (1). As the international dimension of merger activity has increased over recent years, the Committee thought it appropriate to prepare a report focusing on the practical problems which arise in the enforcement of merger controls when there is an international involvement in a particular transaction (2). These problems are sometimes linked to the nature of national laws but the main issues relate to practical problems of day-to-day enforcement such as the definition of the relevant market or the remedies to be applied in a specific case. Accordingly, this report is focused on these specific issues and does not attempt to provide a comprehensive analysis of merger policies, which was the object of the report published in 1984.

For the purpose of this study, "international" mergers are to be understood as including: (i) the acquisition of a foreign firm by a domestic firm; (ii) the acquisition of a domestic firm by a foreign firm; (iii) the merger abroad between two purely foreign companies which might have an effect on the domestic market. In addition, certain international aspects which are important for the definition of the relevant market for merger analysis, whether domestic or foreign, are discussed. Except where stated otherwise, the term "merger" is deemed to denote both "merger" and "takeover" and is applied to any method of acquiring control (3).

The report is divided into four chapters:

-- Chapter 1 describes recent trends in international merger activity. It also provides a summary of the discussion of the determinants and effects of international mergers;

-- Chapter 2 gives a general overview of the competition laws and policies applicable to international mergers with specific reference to major recent developments. The chapter also provides a brief reference to the bilateral and multilateral instruments available for antitrust co-operation in international merger cases;

-- Chapter 3 focuses on two main competition issues in international merger cases, i.e. the definition and analysis of the relevant market and the procedural and jurisdictional issues relating to international mergers, including remedies;

-- Chapter 4 summarises the report and presents conclusions on the basis of the preceding analysis.

Also available

DEREGULATION AND AIRLINE COMPETITION (June 1988)
(24 88 02 1) ISBN 92-64-13110-9   170 pages   £12.00   US$22.00   F100.00   DM43.00

THE COSTS OF RESTRICTING IMPORTS: The Automobile Industry (January 1988)
(24 87 06 1) ISBN 92-64-13037-3   191 pages   £8.50   US$18.00   F85.00   DM36.00

COMPETITION POLICY AND JOINT VENTURES (February 1987)
(24 86 03 1) ISBN 92-64-12898-0   112 pages   £6.50   US$13.00   F65.00   DM29.00

COMPETITION POLICY IN OECD COUNTRIES:

1986-1987 (May 1988)
(24 88 01 1) ISBN 92-64-13075-6   280 pages   £15.00   US$27.50   F125.00   DM54.00

1985-1986 (October 1987)
(24 87 04 1) ISBN 92-64-12970-7   272 pages   £8.00   US$17.00   F80.00   DM34.00

COMPETITION POLICY AND THE PROFESSIONS (February 1985)
(24 85 01 1) ISBN 92-64-12685-6   112 pages   £7.50   US$15.00   F75.00   DM33.00

MERGER POLICIES AND RECENT TRENDS IN MERGERS (October 1984)
(24 84 06 1) ISBN 92-64-12624-4   122 pages   £6.30   US$13.00   F63.00   DM28.00

COMPETITION AND TRADE POLICIES. Their Interaction (October 1984)
(24 84 05 1) ISBN 92-64-12625-2   154 pages   £6.00   US$12.00   F60.00   DM27.00

COMPETITION LAW ENFORCEMENT. International Co-operation in the Collection
of Information (March 1984)
(24 84 01 1) ISBN 92-64-12553-1   126 pages   £6.00   US$12.00   F60.00   DM27.00

Prices charged at the OECD Bookshop.

*THE OECD CATALOGUE OF PUBLICATIONS and supplements will be sent free of charge
on request addressed either to OECD Publications Service,
2, rue André-Pascal, 75775 PARIS CEDEX 16, or to the OECD Distributor in your country.*

TABLE OF CONTENTS

CHAPTER 1

TRENDS, DETERMINANTS AND EFFECTS OF INTERNATIONAL MERGERS

The 1984 Report on merger policies and recent trends in mergers provided an analysis of available data on merger activity in OECD countries, including international mergers (4). The following section, therefore, only describes developments that have occurred since the publication of that report. It has to be recognised that statistics remain fragmentary, especially in the countries without merger controls or merger notification procedures. Moreover, in some countries, only foreign acquisitions on the domestic market are recorded so that the information on acquisitions abroad is sometimes not clearly distinguished from other types of investment.

I. RECENT TRENDS IN INTERNATIONAL MERGERS

Available data show that a significant proportion of merger activity in OECD countries involves a foreign acquiring or acquired firm. This proportion is particularly high in Canada where, in 1986, foreign acquisitions alone of Canadian enterprises accounted for about 70 per cent of total acquisitions (as reported in the financial press). In other countries, this share varies between 8 per cent (Netherlands), 21 per cent (Denmark, inward acquisitions) and 33 per cent (United Kingdom). In the United States, the proportion of international mergers (inward and outward acquisitions) in 1985 accounted for 14 per cent of transactions by value. In Germany, where acquisitions abroad by German companies are also recorded, this figure amounted in 1986 to 43 per cent (16 per cent completed abroad and 27 per cent completed on the national territory but with a foreign element). For the EEC countries as a whole, 1985/1986 data show that foreign mergers and acquisitions accounted for more than a third of all operations of this type. The recent trend in the proportion of foreign to domestic mergers would seem to be either stable or rising in all countries for which data are available.

A. OVERALL INTERNATIONAL MERGER ACTIVITY

In the United States, merger and acquisition activity increased significantly from 1984 to 1986. In 1984, 3 144 transactions were completed, rising to 3 397 in 1985 and 4 024 in 1986. The proportion of international mergers (non-US firms acquiring US and US acquiring non-US firms) in 1985 was 11.6 per cent by number and 13.9 per cent by value of transactions (5). This proportion remained stable in 1986 (12 per cent by number and 13 per cent by value) (6).

In Japan, the Fair Trade Commission records only acquisitions of Japanese firms by foreign firms. Among those acquisitions, only a few international mergers can be found involving relatively large-scale operations (mergers in which the post-merger total assets exceeded $200 million and business acquisitions in which the total assets of any one of the parties concerned were over that amount in 1984 and 1985) (7): in 1984, only one out of the 30 recorded mergers was international. The corresponding figures for 1985 are none and 27. With regard to business acquisitions, the figures were one out of 30 in 1984 and in 1985 four out of 50.

The available Canadian data cover both foreign direct investment flows and acquisitions and mergers (8). They clearly show that Canada's corporate sector has relied heavily on foreign capital. Since 1965, however, outward capital investment has outpaced inward capital investment. From 1965 to 1978, the comparable growth rates were 7.9 per cent and 5.2 per cent respectively. Regarding foreign acquisitions in Canada, nearly 4 000 applications for acquisition of Canadian enterprises were received from April 1974 to June 1985 under the Foreign Investment Review Act (FIRA) and, in 1986, recorded foreign acquisitions accounted for around 70 per cent of the total of all acquisitions (as reported in the financial press). This share which amounted to 38 per cent on average from 1960 to 1970, rose from a little more than 40 per cent in 1975 to 57 per cent in 1980. Since then, the rate increased almost regularly (except in 1981 when it was 41 per cent). Moreover, within the last twenty-five years, the number of foreign acquisitions has increased sevenfold whereas for domestic acquisitions it has increased only by a factor of three (9).

In Switzerland, according to unofficial statistics for the period 1973-1985, an average of 69 mergers and acquisitions was completed annually between 1973 and 1979, whereas, during the period 1980-1985, this figure increased to an annual average of 184 (10). These figures thus show a significant rise in overall merger activity. The corresponding data for joint ventures were respectively 14 (1973-1979) and 33 (1980-1985). Around 33 per cent of all recorded operations had foreign involvement (597 operations).

In Denmark, in 1986, 28 Danish enterprises were taken over by foreign enterprises, corresponding to a share of 21 per cent of all completed mergers and acquisitions (11). Compared to the 1984 data (41 acquisitions), the figures for 1985 and 1986 show a decrease in the number of foreign acquisitions but an increase in terms of aggregate turnover and number of employees involved.

In France, 445 mergers were recorded during the period from 1st September 1985 to 31st August 1986, 66 of these (15 per cent) involved EEC firms and 97 (22 per cent) were completed between French and non-EEC firms. From September 1986 to December 1987, 768 mergers were recorded: 108 operations concerned EEC firms (14 per cent) and 151 non-EEC firms (20 per cent). During the entire period covered by these figures the number of international mergers remained approximately stable at about a third of all completed mergers. On the other hand, the total number of mergers increased on average by 20 per cent in 1986 and 30 per cent in 1987. Foreign investments have thus followed the general trend in mergers observed in France since 1985.

In Germany, on the basis of recorded notifications, a detailed breakdown is published annually which makes a distinction, among notified mergers, between those completed on national territory (84 per cent in 1986 and, among those, 57 per cent without any foreign involvement) and those completed abroad (16 per cent). It should be underlined that 10 per cent of the notified mergers had no domestic involvement but were however notifiable because of their domestic effects. Compared with the previous years, the share of mergers completed abroad has remained almost unchanged since 1984 when it increased from 11 per cent in 1983 to 15 per cent that year (12).

In the Netherlands, 31 mergers were completed in 1986 between Dutch and foreign enterprises (nearly 8 per cent of the total number of mergers against 10 per cent in 1984 and 9 per cent in 1985). This small decrease can be explained as follows: the number of domestic mergers increased by 31 per cent during 1985 to 1986 whereas foreign mergers only increased by 0.3 per cent (13).

In the United Kingdom, the number of foreign mergers qualifying for control under the Fair Trading Act (mergers involving a foreign target company as well as those involving a foreign bidding company) represented more than one third of total mergers during the period 1984-1986 (14). Their number has tended to fluctuate almost in line with the total number of mergers during this period. Thus a decrease of 26 per cent in total mergers between 1984 and 1985 was matched by a 21 per cent decrease in foreign mergers and an increase of 63 per cent in total mergers in 1986 corresponded to a 58 per cent increase in foreign mergers. Moreover from 1981 to 1986, the number of mergers involving a foreign bidding company has always been higher than the number of mergers involving a foreign target company (in 1986 respectively 64 and 45). Finally, it is worth noting that during the period 1981-86 on average only 1.6 per cent of qualifying foreign mergers were referred to the MMC.

In the EEC, yearly data are available. They are based on the financial press and cover mergers involving at least one of the 1 000 largest firms in the Community (15). They are divided into the following three types: (a) mergers and acquisitions of majority holdings, (b) acquisitions of minority holdings and (c) joint ventures. They also make a distinction between national, intra-Community and international operations. In 1985-86, the number of all types of operations rose sharply to 561 (compared with 480 in 1984-85) and international operations as well as those between Community countries accounted respectively for 18 and 21 per cent of this total. When considering only international and intra-Community mergers and acquisitions of majority holdings, they accounted for more than a third of all operations of this type. It should be noted that in 1984-1985 and 1985-1986, the number of intra-Community operations of type (a) has been higher than the number of international operations of this type. From 1985 to 1986, the trend towards an internationalisation of the links forged by European firms has been confirmed: there was a sharp rise in the number of mergers as well as acquisitions of majority and minority holdings between EEC and non-EEC firms (higher than 50 per cent; 22 in 1985 and 43 in 1986). On the other hand, the number of foreign joint ventures was almost stable.

B. BREAKDOWN BY INDUSTRY

The following data on six countries (Canada, Denmark, France, the Netherlands, the United Kingdom, the United States) and the EEC show that, except in Canada and in the United States, the majority of foreign mergers are generally completed in the manufacturing industry, but with a growing trend towards mergers in the services sector.

From April 1974 to June 1985, the majority of the reviewable applications under the Canadian Foreign Investment Review Act (FIRA) were in the services sector (51 per cent) followed by the manufacturing (43 per cent) and the resources sector (6 per cent). In Denmark, however, the majority of foreign mergers were completed in the manufacturing industry (16). Available statistics on the Netherlands show that international mergers took place in a number of industries, a quarter of them being in the services sector (17).

In France, foreign companies have sometimes played a major part in the concentration process observed in some industries. In the four most merger-intensive industries in 1986 and 1987 (intermediate goods, capital equipment, everyday consumer goods and the agriculture and food industries), 40 per cent of mergers involved foreign companies or groups. Moreover, in 1987, international mergers increased in some industries, such as the consumer goods industry where they amounted to 45 per cent of all recorded operations in that industry (38 per cent in 1985-1986), or, in a less significant manner, in the food and agriculture industry (38 per cent of foreign mergers against 34 per cent during the previous period), because of the interest shown by the major international companies in trademarked products. Commercial services, distributive trades and construction are the industries in which foreign investors have been the least interested.

In the United Kingdom, a significant majority (66 per cent) of the mergers involving a foreign target company have been undertaken in the manufacturing sector, 28 per cent in the services sector and 6 per cent in the natural resources sector. The corresponding figures for mergers involving a foreign bidding company are 57 per cent, 35 per cent and 5 per cent (one merger was undertaken in the distribution sector) (18).

In the United States, in 1986 and based on the number of transactions, the first five industry areas for foreign investments in the United States were: machinery [31 transactions], electrical and electronic machinery [27], insurance [21], printing and publishing [20] and business services [19]. The first five overseas industry areas having attracted US buyers in 1986 were: machinery [16], chemicals and allied products [15], distribution and wholesale trade [11], electrical and electronic machinery [10] and transportation equipment [7]. In both cases, a little more than a third of the transactions were completed in five sectors but the remaining transactions have been shared between a large number of different sectors [20] (19). According to sources based on the value of transactions, the first five industry areas for foreign investments in the US were: communication ($ mil 2,445.7); machinery (except electrical); printing and publishing; food and allied products; stone, clay, glass and concrete. On the reverse side, the first five industry areas of non-US acquired by US acquirers are: food and allied products ($ mil 246.0), paper and allied products, electrical and electronic machinery, transportation equipment, food stores (20).

10

In the EEC, almost 80 per cent of the 217 foreign operations (21) were completed, in 1985-86, in the manufacturing industry. This percentage is almost the same as that for national operations. The foreign operations also accounted respectively for 14, 4 and 3 per cent in the banking, distribution and insurance sectors (for national operations, respectively 9,11 and 3 per cent). The number of intra-Community operations is generally higher than the number of international operations, except in the insurance industry (3 against 4) and in the banking sector where the number of mergers involving EEC and non-EEC banks [17] is higher than the number of mergers between banks located in EEC countries [13] (22).

C. BREAKDOWN BY GEOGRAPHICAL AREAS

Of the resolved applications for acquisitions of Canadian enterprises, the United States applicants were the most frequent (65 per cent) followed by applicants from Western Europe (29 per cent) and other countries (6 per cent). Of these applications 49 per cent involved acquirees which were Canadian controlled while the remaining 51 per cent were already foreign controlled.

Data are also available on the most active countries in acquisitions in the United States: in 1986, 70 per cent of these transactions involved companies from five countries: the United Kingdom (33 per cent), Canada (19 per cent), Japan (7 per cent), Hong Kong (6 per cent) and Sweden (5 per cent). On the reverse side, 73 per cent of the US transactions were centred on five countries only: Canada (25 per cent), the United Kingdom (24 per cent), Germany (9 per cent), Australia (8 per cent) and France (7 per cent) (23).

Forty-seven per cent of the foreign direct investments of Japan were completed in North America. At the end of 1986, 242 Japanese manufacturing companies were located in Europe, especially in the United Kingdom [53], in Germany [45] and in France [33]. The number of employees involved may be evaluated approximately at 70 000 (24).

In 1986, the most active countries in regard to acquisitions in France were (in descending order): i) from the EEC: Germany, Italy, Belgium, the United Kingdom and the Netherlands; ii) from outside the EEC: the United States, Japan and Northern Europe. In 1987, the United States companies remained very active: they accounted for 47 per cent of the operations involving a French enterprise and a non-EEC enterprise in the three industries the most affected by concentrations (intermediate goods, capital equipment and consumer goods). In the same industries, in 1987, Germany (34 per cent) and the United Kingdom (24 per cent) were the first and second most merger-active EEC countries.

Finally, almost half of the 31 mergers completed, in 1986, between Dutch and foreign enterprises were in the Common Market. This share has been relatively stable in recent years. Eleven of the total mergers were entered into with firms in the United States and five in other countries (25).

D. BREAKDOWN BY SIZE OF FIRMS AND ACQUISITIONS

The OECD report on Recent Trends in International Direct Investment stated that during the 1970s, there appeared to be a growing trend for small- and medium-sized enterprises (SMEs) to become international and to engage in foreign direct investment but the 500 largest multinational enterprises still control some 80 per cent of both total numbers of foreign affiliates and their foreign production. The survey also showed that SMEs with less than 500 employees accounted for about 20 per cent of German foreign investments, while in the United Kingdom, smaller firms accounted for around five per cent of UK foreign investment in the late 1970s and early 1980s (26).

In Canada, by 1981, around 38 per cent of Canadian foreign investments were conducted by SMEs. In Denmark, the acquisitions of Danish companies by foreign companies accounted for one-fifth of all acquisitions but half of the aggregated turnover and one-third of the employees of all companies involved in these acquisitions (27). In Switzerland, the large majority of international operations was completed by large-sized and internationally operating companies. According to unofficial statistics, the same 30 acquiring enterprises were involved in 322 of the 597 registered mergers (i.e. 2 per cent of all registered acquiring companies) (28).

Between 1977 and 1983, foreigners made 179 investments of at least $100 million each in the United States and 58 of those exceeded $250 million. However, the US investments accumulated abroad at the end of 1983 ($226 billion) remained higher than all foreign investments in the US ($135.3 billion) (29).

E. LARGE MERGERS AND MANAGEMENT RESISTED TAKEOVER ACTIVITY

A review of information in the financial press during recent years shows two new trends in international merger activity which merit mention: firstly, a tendency to an increase in the size of the operations with the appearance of large mergers, often referred to as "mega-mergers"; secondly, a growing trend to acquisition through management resisted takeovers, the so-called "hostile takeovers".

Large mergers in some countries now frequently involve transactions of between $200 million and $1 billion (30). In many instances, such transactions were of a conglomerate nature. In some countries like Germany, however, large mergers were predominantly horizontal. For example, foreign firms were involved in large mergers with American firms and often as acquiring companies, in the chemical and food processing industries as well as in the services sector (31). Large mergers have also been announced or completed between European companies, for example in the semi-conductor industry or in the electrical engineering sector (32).

A second trend discernible in press reports is the growing number of management resisted takeovers, in many cases involving foreign bidders. While such takeovers are no new phenomenon in some countries, notably the United States and the United Kingdom, they have become increasingly frequent in other countries like Australia, Belgium and France (33). There are, however, countries such as Germany and Japan where this type of takeover remains rather exceptional.

II. DETERMINANTS AND COMPETITIVE EFFECTS

A. DETERMINANTS OF INTERNATIONAL MERGERS

It appears from available studies and surveys that international mergers share most of the motivations determining investment and merger activity in general. It is impossible to generalise about the relative importance of these various determinants (34). In some cases, however, merger rather than greenfield investment may well be the most efficient way of entering a foreign market in that it allows the acquiring firm more easily to overcome barriers associated with lack of knowledge of local markets.

In the OECD 1974 report on mergers and competition policy, 12 motives were suggested as being the most frequent: market power increase; building of an empire; gain of promotional profits; production expansion without price reduction; acquisition of capacity at reduced price; real economies of scale; pecuniary economies of scale; production rationales; complementarity of resources; diversification of risks; failing firm arguments as well as taxation advantages.

The 1974 report also identified additional motives for international mergers which represent for the acquiring firm either a horizontal, a vertical or a diversified extension of its existing activities. Among other factors, international horizontal mergers may be encouraged by a desire to enter protected markets, vertical mergers may be fostered by lower costs of production and both types of merger may be encouraged by government incentives. Horizontal extensions have been explained in terms of the possession by the acquiring firm of a special asset, such as a patented invention or a differentiated product which may be successfully exploited in a foreign market at little or no extra cost to the firm and which requires local production (35).

The 16th Report on Competition Policy of the Commission of the European Communities (36) also lists a range of motives as specified in 1985-86 by management of companies wanting to merge or to acquire majority holdings. These motives ranked (from the most to the less often used) as follows: rationalisation [56]; expansion [29]; complement [23]; diversification [20]; strengthening of market position [18]; research and development [4]; specialisation [3]; others and not specified [73]. However, this list only refers to admitted motives. Indeed the category "others and not specified" seems to regroup some of the most important motives for merger activities for example, the fact that mergers are primarily completed to maximise profits. Other possible motives may well be the acquisition of the enterprise for its patents and know-how or the purchase of low priced shares for purely financial reasons. Finally, one can observe that a number of these motives would also be relevant in the context of international joint ventures, as shown by the Committee's report published in 1986 (37).

According to a Swiss source (38), another significant reason for increasing merger activity is the rapid pace of technological innovation. As products and production processes become obsolete more and more quickly and need to be replaced through heavy capital investments, a single enterprise may neither have the financial capacity nor be able to achieve alone the economies of scale corresponding to these capital investments. R and D expenses are

also increasingly costly and may profitably be shared with another enterprise, often in the context of a joint venture or, perhaps less frequently, by way of acquisition. A third reason may be market expansion. A fourth motive listed in the study is the need to diversify production in order to share the risks between different markets.

In addition, special considerations may apply to enterprises situated in small countries with limited domestic markets. Such enterprises can only grow if they extend their operations to foreign markets and they may relatively frequently resort to acquisitions to gain access to such markets.

B. EFFECTS OF INTERNATIONAL MERGERS

A number of economic studies have been undertaken into the effects of mergers on post-merger performance. Some of them also involved international aspects of mergers (39). The 1984 OECD report (40) noted that much of this research was inconclusive. A more recent symposium on takeovers (41) reflects this lack of consensus. No evidence suggests that the competitive assessment of international mergers should be any different from that applied to purely domestic mergers.

However, specific beneficial effects of international mergers can derive from the fact that they may serve as a means of introducing vigorous new competition particularly where the company acquired is a small "foothold" company. In addition, international mergers involving entry into concentrated domestic markets can be efficiency-enhancing and multinational enterprises possessing superior technology and financial strength are often in a position to overcome entry barriers more easily than domestic firms. Scherer pointed to the example of oligopolistic domestic markets where entry barriers for local potential competitors are high and where foreign producers may constitute the only significant source of actual and potential competition (42).

International joint ventures can also have various beneficial impacts. Taking the case of the export joint venture first, this type may enable firms otherwise unwilling or unable to face the cost and extra risks of exporting alone to enter into new export markets, with consequential beneficial effects on a country's export performance. Similarly, firms from different countries wishing to establish a venture in another country would be able to share the risks as well as increase their possibilities of access to financial markets. Ventures established by the joint participation of domestic and foreign firms appear to be increasingly popular, especially vis-à-vis developing countries or centrally planned economies, as a means of overcoming trade and investment barriers, in addition to minimising the risk for both parties. They also offer a flexible instrument in that equity participation can be varied according to the requirements of the local market. One significant effect of this last type of international joint venture is that it acts as a vehicle for the transfer of technology to developing countries in a form that is frequently more acceptable to such countries than other means of transferring such technology, such as licensing agreements which may contain conditions thought too restrictive (43).

On the other hand, international mergers and joint ventures also share the competitive concerns attached to domestic operations, i.e. they may

eliminate actual or potential competition. Even if it has no direct effect on concentration in the countries directly involved, an international merger or joint venture with direct competitors may nevertheless create market power in domestic or international markets and may increase concentration at the world level or in third countries. As the number of actual or potential competitors in the world market decreases, the potential for collusion and international cartelisation in the industry increases (44). Moreover, an international merger may, in some cases, lead to restrictions on the former freedom of the acquired enterprise to compete in certain product lines or export markets. In such circumstances, an international merger is more likely than a domestic merger to affect international trade. These effects on trade may reverberate back on domestic competition, so that an acquisition of a foreign firm may have indirect effects on the domestic market of the acquiring firm. Finally, the competitive effects of international mergers also depend on the size of the market in which they are assessed: a merger which does not raise any anticompetitive problems in one country may involve significant market power in another.

In some cases, international acquisitions that have concerned the competition authorities, whether on competition or other public interest grounds, have been management resisted takeovers. Management resisted takeovers raise a number of complex issues which are not discussed in the context of this report because they do not on a priori grounds raise issues for competition. It does not seem that the way in which a transaction is completed (acquisition with or without the agreement of the target company) in itself raises specific competition issues. Such types of takeovers at the international level may, however, create difficulties for competition authorities in terms of day-to-day administration of competition laws. As various sets of legislations deal with notification requirements, competition authorities have to interface with other governmental authorities such as Stock Exchange regulatory bodies, foreign investments authorities etc. In the case of so-called "hostile" takeover bids, the delays for competition authorities to open an investigation may be shorter than for agreed transactions and such time pressure can create particular problems for an international merger given the frequent need to obtain information from foreign sources. In addition, competition authorities may be submitted to pressures from the target of the takeover, when it is a national company, to take action against the acquisition.

Given this brief overview of the potential competitive effects of international mergers, the rather partial and inconclusive nature of economic studies in this area and the fact that discussions are still going on within the Member countries, it seems that no general presumption should arise for or against international mergers; the costs and benefits are specific to an industry at a given time and within the given country or trade group and each case should be judged on its own merits.

CHAPTER 2

LEGAL FRAMEWORK FOR THE CONTROL OF INTERNATIONAL MERGERS AND INSTRUMENTS OF INTERNATIONAL CO-OPERATION

While some countries apply investment controls to acquisition of domestic enterprises by foreign interests, no country has adopted specific sets of competition rules applicable to international mergers. The criteria used are broadly the same for national and international mergers.

I. AUTHORISATION REQUIREMENTS FOR FOREIGN DIRECT INVESTMENT

As international mergers have implications for foreign investment and capital movements, they may be subject to investment controls including performance requirements in host countries. An overall survey of these measures has recently been published by the OECD: Controls and Impediments affecting Direct Investment in OECD Member Countries (45). The survey describes the situation as of August 1986 and on a country-by-country basis in four annexed tables. To summarise, in one group of countries Denmark, Germany, Greece, Italy, Japan, Luxembourg, the Netherlands, Switzerland, the United Kingdom and the United States, foreign direct investment whether by de novo entry or acquisition is with a few sectoral exceptions, generally liberalised. A major relaxation of Australia's foreign investment policy occurred after the drafting of this survey. Under the new policy, prior authorisation is only required for certain types of investment proposals and these proposals are automatically approved except in unusual circumstances when they are considered contrary to vital interests. Recent legislation also relaxed Spain's foreign investment policy with a few sectoral exceptions.

In a second group of countries including Finland, France, Norway, Portugal and Turkey, inward investment, whether by new entry or acquisition is subject to prior authorisation (in some of these countries only if the investment exceeds a certain amount of assets).

There is a third group of countries including Canada, New Zealand and Sweden in which only investments by acquisition of either a significant minority or a majority participation in a domestic enterprise are subject to control. In Australia, one of the types of foreign investment proposals requiring prior authorisation is for the acquisition of domestic firms with total assets of $5 million or more which would result in ownership of a substantial interest in the firm.

II. COMPETITION LAWS APPLICABLE TO INTERNATIONAL MERGERS

According to the 1984 report on Merger Policies and Recent Trends in Mergers, the following countries have adopted merger control legislation: <u>Australia</u>, <u>Canada</u>, <u>France</u>, <u>Germany</u>, <u>Ireland</u>, <u>Japan</u>, <u>New Zealand</u>, <u>Sweden</u>, the <u>United Kingdom</u>, the <u>United States</u> (46). <u>Switzerland</u> has recently introduced such control. The legal provisions applicable in these countries have been adequately covered in that report and will not be discussed at length in the present section, except in cases where new provisions relevant to the analysis of international mergers have been adopted or proposed since that publication, i.e., in <u>Canada</u>, <u>Australia</u>, <u>France</u>, <u>Switzerland</u> and in the <u>EEC</u>.

A. OVERALL VIEW OF MERGER CONTROL LAWS

Reference should be made to the fact that in the countries without merger control, international mergers can sometimes be reviewed in the context of an investigation relating to restrictive agreements or abuses of dominant positions. As it is not the focus of this report, the legal provisions in these areas are not surveyed in this section.

The merger control provisions themselves display a great deal of variety from country to country. The main differences arise as regards the criteria for defining or examining mergers (size and market share thresholds), the standards by which a merger is considered desirable or undesirable (a straightforward competition test or wider public interest criteria of which competition is but one, though important, element among others such as trade, employment, environment, regional policy) and as regards procedure (judicial or administrative or some combination of the two, prior or post notification, procedure for advance clearance or approval of certain mergers).

At the risk of over-simplification, it is possible to divide the countries into those which rely entirely or predominantly on a competition test (<u>Canada</u>, <u>Germany</u>, <u>Japan</u> and the <u>United States</u>) and those which take a broader position requiring a case-by-case assessment of a variety of factors before determining whether a merger is acceptable or not (<u>France</u>, <u>Ireland</u>, <u>New Zealand</u>, <u>Sweden</u>, the <u>United Kingdom</u> and the <u>EEC</u>). <u>Australia</u> has a mixed system comprising a prohibition of mergers leading to or strengthening market dominance but a procedure for advance authorisation by the Trade Practices Commission subject to a wide public benefit test. In <u>New Zealand</u>, large mergers may be blocked only if they fail to meet a market dominance test; there is also scope for authorising mergers which do not meet that test, on the basis of public benefit. In the first group of countries identified above, the basic standards for assessing a merger are expressed in relatively simple terms in the legislation itself but have required interpretation and refinement in the judicial or administrative enforcement of the legislation. This has frequently led to the issuance of administrative guidelines in these countries to clarify enforcement policies or the terms in which the provisions are drafted. In the second group, while guidelines may also be issued, the legislation itself frequently sets out the various considerations in some detail. In <u>Ireland</u>, for example, nine criteria for the appraisal of mergers are set out in the schedule to the mergers legislation. In the <u>United Kingdom</u>, five criteria are set out to guide the Monopolies and Mergers Commission (MMC) in its investigation of mergers.

Mandatory pre-merger notification requirements apply to all (Japan) or certain mergers (Canada, Germany, Ireland, New Zealand and the United States). The criteria for pre-merger notification vary among these countries; they are generally expressed in terms of market shares and/or size of assets or turnover. Notification is optional in countries such as France and Sweden, although in Sweden the Competition Ombudsman may, on a case-by-case basis, require the notification of an intended acquisition. In Australia, parties to a merger may approach the Trade Practices Commission on an informal basis to discuss their proposals. In the United Kingdom, a draft proposal providing for a voluntary pre-notification procedure is currently under review.

Regarding the treatment to be assigned to foreign firms, the nationality of the new owners is immaterial under competition laws in Member countries and the fact of foreign ownership itself has not been the cause of competition investigations or a reason per se for not allowing the merger. Nonetheless, in countries where wider public interest criteria exist, foreign ownership may be one of the elements taken into account in the decision to challenge the merger, e.g. for the reason that it would affect employment, national security or export opportunities. In France, half of the cases referred to the former Competition Commission involved foreign firms. In the United Kingdom, mergers involving foreign firms have from time to time been referred to the MMC. Present policy is that the primary consideration in determining whether a merger should be referred to the MMC is the effect on competition in the United Kingdom whether or not a foreign firm is involved. In one case which did not raise any competition problems [Enserch Corporation (US)/Davy Corporation (UK)] the Commission decided that detriments might arise from, among other things, the loss of Davy's national character as a British engineering contractor. It also took the view that the overseas business of Davy might be prejudiced if it became American-owned since in some parts of the world, American companies might be less welcome than British ones and that under US ownership, it might fail to obtain contracts it might otherwise have secured (47). However, in the last three years, competition has been made the predominant criterion for referring mergers to the MMC.

B. NEW PROVISIONS ADOPTED BY MEMBER COUNTRIES SINCE 1984 AND RELEVANT TO INTERNATIONAL MERGER CONTROL

As a general law of general application, all merger transactions in Canada are subject to review under the provisions of the 1986 Competition Act. For the new pre-merger notification provisions to apply, the transaction must involve the acquisition of Canadian assets of a business undertaking in Canada (48). The transaction has to be notified if the parties and their affiliates have assets in Canada or annual gross revenues from sales in, from, or into Canada in excess of C$400 million. A second threshold also relates to the size of the proposed transaction itself. Pre-notification of acquisition of assets is required only when the assets to be acquired, or revenues in or from Canada generated by those assets, are greater than C$35 million. A similar threshold applies to the acquisition of voting shares. Parties to a proposed transaction have to wait between seven and twenty-one days after the notification before going ahead with the merger.

Merger transactions are now reviewed under administrative law procedures before a specialised body, the Competition Tribunal. The test that has to be satisfied, before the Tribunal can issue an order, is whether a

merger or proposed merger prevents or lessens, or is likely to prevent or lessen competition substantially. There is a provision in the Act which prohibits the Tribunal from finding that a merger lessens competition substantially solely on the basis of evidence of concentration or market share. To provide guidance, the law includes a non-exhaustive list of factors which the Tribunal may consider in assessing mergers: the extent of effective foreign competition, the possibility of a failing firm, the availability of acceptable product substitution, the existence of any trade barriers, regulatory or others, to entry, the extent of effective competition remaining in a market, the removal of a vigorous and effective competitor, and the nature and extent of innovation. Regarding the effect of import penetration, the Director of Investigation and Research recently stated that, when foreign competition does not form part of the actual market, "imports may provide the desired competitive discipline in the market place. It must be recognised, however, that exchange rate variations, quotas, changing tariffs and other factors that have an influence on imports can, in certain cases, limit the effectiveness of foreign competition" (49). It is worth noting that the Act includes an exception for cases where gains in efficiency that would result from a merger will be greater than, and will offset the effects of, any prevention or lessening of competition that will result or is likely to result from the merger or proposed merger. The Act further mentions that the Tribunal shall consider whether such gains would result in a significant increase in the real value of exports or import substitution.

Under the Australian Trade Practices Act, international mergers come under the purview of sections 50 and 50A if they affect domestic Australian markets. Section 50's main focus is on domestic mergers but it also applies to international mergers if an Australian company or person is involved and the acquisition results in or strengthens dominance of a substantial market in Australia. For breaches of section 50, court proceedings may be initiated by either the Trade Practices Commission or private parties. Remedies available to the Commission are pecuniary penalty, injunction or divestiture, while private parties may seek damages or divestiture. However, the private remedy of damages is subject to the Attorney-General's consent where Australian companies or persons are involved in mergers outside Australia.

Intentionally, section 50 does not apply to the merger of purely foreign companies operating outside Australia but resulting in domestic market dominance. The domestic effect of mergers between purely foreign companies usually occurs when domestic subsidiaries come under the common control of merged foreign parents. Because of the obvious extraterritorial dimension in dealing with such mergers and the potential for conflict with foreign laws and policies, a separate section 50A was introduced into the Act to deal with their domestic effects. Similar criteria to section 50 are used (i.e., market-dominance), but in view of the extraterritorial dimension, a different set of procedures and remedies is provided for in section 50A. It does not prohibit the merger of foreign parents as such, nor is that possible given the limitations imposed on the extraterritorial operation of the Trade Practices Act. Instead, the procedures and remedies are directed at the domestic subsidiaries. Section 50A provides for declarations to be made by the Trade Practices Tribunal that the merger results in dominance of a substantial market in Australia and no public benefit results. While such a declaration remains in force the domestic subsidiary corporation or corporations have six months to cease operations (which may be extended to a maximum of 12 months).

19

In France, under the new provisions of the 1986 Competition Ordinance, any proposed or completed international merger could, as any domestic merger, be referred by the Minister of Economics and Finance to the Competition Council when the businesses that are parties to the transaction, that are the object thereof or that are economically tied to those businesses, either: i) have made, together, more than 25 per cent of all sales, purchases or other transactions on a national market of substitutable goods, products or services, or on a substantial part of such market, or: ii) have a total turnover before taxes on the French market higher than FF 7 billion, provided that at least two of the businesses that are parties to the concentration have realised a turnover of FF 2 billion or more (50). The turnover referred to is calculated by taking the total turnover of all parties to the transaction on the national territory and subtracting the value of their exports (51). The introduction of a threshold related to absolute size has brought more international mergers within the scope of the law insofar as the previous thresholds (expressed only in percentages: 40 per cent for horizontal mergers and 25 per cent for non-horizontal mergers) were too high. In the case of prior notification, which is optional, the proposal is presumed tacitly approved after two months; if the case is referred to the Competition Council, the corresponding delay is six months (52).

In Switzerland, the 1986 Act on Cartels and similar organisations gives the competent authorities the power to determine whether a merger unduly restricts competition and, where necessary, to remedy that situation. The notification of mergers is optional. The Cartels Commission cannot prohibit or break up a merger; it may, however, make recommendations to enterprises to behave in a competitive manner. If the recommendation has no effect, the Ministry of the Economy may take administrative measures.

C. EEC DRAFT REGULATION AND APPLICABILITY OF ARTICLES 85 AND 86 TO INTERNATIONAL MERGERS

In the absence of a merger regulation, the applicability of Article 85 to mergers has arisen in several cases. Both Article 85 and its implementing Regulation N° 17 basically are aimed at evaluating agreements and not concentration issues. For example, the principle of nullity of anti-competitive agreements under Article 85 would have the only possible and drastic effect of requiring the divestiture of a merger if it were found anti-competitive. In addition, Regulation N° 17 provides for authorisation of agreements during a limited period of time and could not be applied to structural operations which are supposed to be permanent and cannot be reassessed after a certain period of time.

According to the decision of the EC Court of Justice in the Continental Can case, a merger involving a company already holding a dominant position in a substantial part of the Common Market may constitute an abuse of such a position under Article 86 (53). Regarding the applicability of Article 86, on several occasions the Commission and the Court of Justice have reaffirmed a basic definition of dominance which used the words of the 1951 Treaty of Paris setting up the European Coal and Steel Community (Article 66(2)): "The power to hinder effective competition in a substantial part of the market in question". The Commission stated in 1973 in the draft merger regulation that: "This power to hinder effective competition shall be appraised by reference in particular to the extent to which suppliers and consumers have a possibility

of choice, to the economic and financial powers of the undertakings concerned, to the structure of the markets affected and to supply and demand trends for the relevant goods and services". These quotations illustrate some of the key features of dominance in the view of the Commission and of the Court of Justice. They are: the ability of a dominant enterprise to influence the market by its own conduct, unimpeded by competitors; other companies' dependence for survival on the dominant enterprise; economic and financial power which gives the dominant enterprise advantages in any competitive battle.

Very large market shares are by themselves insufficient evidence of the existence of a dominant position. Such a position may exist with inferior market shares when the relative share is much greater than those held by the nearest competitors, when the firm in question enjoys competitive advantages not available to other market participants (technologically based, marketing network, financial strength) and there are barriers to market entry (transport costs, regulatory obstacles etc.) that rule out or render improbable competition from new producers. Since the Continental Can case, the concept of dominant position has been gradually defined in a more operational manner (United Brands and Hoffman-La Roche judgments). It is defined in terms of the combined total of advantages enjoyed by the firm in a dominant position. Horizontal dominance may appear when mergers involve partners competing on the same relevant market. But dominance may also result from vertical relations, when buyers or suppliers depend on an obligatory trading partner. Mergers involving firms selling different products can also lead to the emergence of dominant positions when, for instance, possibilities of tie-ins arise for the conglomerate firm.

In a recent decision, the EC Court of Justice considered the applicability of Article 85 to an international acquisition, British-American Tobacco (BAT)/R.J. Reynolds Industries (54). Following complaints by these two companies, the Commission issued a statement of objections to Philip Morris and Rothmans International to the effect that the 1981 agreements they had previously concluded infringed both Articles 85 and 86. These agreements amounted to the acquisition of control by Philip Morris over Rothmans with the effect of co-ordinating their commercial behaviour within the Common Market. The parties subsequently modified their agreements and in the new 1984 agreements limited the participation to a purely passive financial investment, i.e. an acquisition of a minority shareholding. The Commission considered that these agreements no longer infringed Articles 85 and 86, rejecting the complaints of BAT and Reynolds. Both companies appealed to the Court of Justice contending that the acquisition of a sizeable holding in the capital of a competitor had the effect of restricting competition within the meaning of Article 85 of the Treaty.

It should be recalled that the agreements prohibited by Article 85 are those which have as their object or effect the prevention, restriction or distortion of competition within the Common Market. According to the Court of Justice, this could be the case, in the context of a stagnant and oligopolistic market for cigarettes, "where, by the acquisition of a shareholding or through subsidiary clauses in the agreement, the investing company obtains legal or de facto control of the commercial conduct of the other company or where the agreement provides for commercial co-operation between the companies or creates a structure likely to be used for such co-operation". The Court of Justice noted, in particular, that "unlike the 1981 agreements, the 1984 agreements do not contain any provisions regarding

commercial co-operation or create a structure likely to be used for such co-operation between Philip Morris and Rothmans [..]". The Court consequently rejected the applicants' submission regarding the application of Article 85.

With regard to Article 86 of the Treaty, the Court considered that an abuse of a dominant position "can only arise where the shareholding in question results in effective control of the other company or at least in some influence on its commercial policy" and that "it had not been established that the 1984 agreements have any such effect". Accordingly, the submission based on Article 86 was also rejected (55).

The Commission made a proposal to the Council for a Regulation on the control of concentrations between undertakings in 1973. The proposal, based on Articles 87 and 235 of the EEC Treaty, has been amended three times but was not acted upon by the Council. Following intensive bilateral discussions with all the Member States, and discussions in the Council in October and November 1987, a new draft Regulation emerged which is based on the following principles:

-- Merger control should apply to large-scale mergers of Community-wide importance;

-- Mandatory prior notification of planned mergers;

-- Prohibition of anti-competitive mergers and authorisation of mergers on the basis of principles analogous to those contained in Article 85(3);

-- Close and constant co-operation between the Commission and the Member States so as to ensure that procedures are handled rapidly (56).

The Regulation applies only to mergers "having a Community dimension" [Article 1(1)]. This concept is defined by reference to two criteria, one involving the "geographical field of activity" of the companies involved and the other related to their turnover (Article 1, paragraphs 2 and 3). According to Article 1, paragraph 2, a concentration has a Community dimension a) where at least two of the undertakings effecting the concentration have their principal field of Community activities in a different Member State; or b) where the undertakings effecting the concentration have their principal field of Community activities in one and the same Member State, but where at least one of them has substantial operations in other Member States, in particular through subsidiaries or direct sales. Article 1, paragraph 3, describes the situations in which a concentration does not have a Community dimension: a) where the aggregate worldwide turnover of all the undertakings concerned is less than one thousand million ECU; or b) where the aggregate worldwide turnover of all the undertakings concerned exceeds one thousand million ECU, but where the aggregate worldwide turnover of the undertaking to be acquired is less than fifty million ECU; or c) where all the undertakings effecting the concentration achieve more than three quarters of their aggregate Community-wide turnover within one and the same Member State.

All mergers within the scope of the Regulation are subject to prior control [Article 2(1)]. Mergers which give rise to or strengthen a dominant position in the common market or in a substantial part of it are not

compatible with the common market [Article 2(2)]. Where the combined market share of the firms concerned does not exceed 20 per cent, it is presumed that a dominant position does not exist [Article 2(3)]. The Regulation provides for the possibility of authorising mergers as being compatible with the common market. The authorisation criteria have been modelled on the principles laid down in Article 85 (3); this allows account to be taken of international competition [Article 2(4)].

As compared to the previous draft, the periods for proceedings have been substantially shortened; they amount to two months for the preliminary appraisal before the commencement of proceedings [Article 6(3)] and to four months for the further examination leading to a final decision [Article 19(1)]. In order to ensure close and permanent co-operation between the Commission and the national authorities, it is now provided that the Member States directly concerned must be consulted before the commencement of proceedings [Article 18(2)].

In present circumstances, areas of legal uncertainty remain at least for two reasons : firstly, some of the considerations developed in the decision BAT-Reynolds would merit further clarification, notably the distinctions drawn between the control de jure and de facto or effective control; secondly, the application of Regulation No. 17 to structural operations like mergers and concentrative joint ventures can in itself be a source of complications.

III. INSTRUMENTS OF INTERNATIONAL CO-OPERATION

Contacts between competition authorities of various countries relating to the investigation of international mergers can be and have been held under various instruments for co-operation, at both the bilateral and multilateral levels. Indeed the 1979 OECD Recommendation on Co-operation between Member Countries on Restrictive Business Practices affecting International Trade (revised in 1986) has been frequently invoked in merger investigations having an international dimension (57). The interpretative Appendix included in the Revised 1986 Recommendation is particularly designed to clarify the circumstances when information should be sought abroad (including merger investigations) as well as to emphasize the need for moderation and restraint when authorities exercise their investigatory powers abroad and to urge consultations to avoid any conflicts of a jurisdictional nature. Reference should also be made to the 1984 CIME agreement on conflicting requirements imposed by governments on multinational enterprises, and to the recent examination of approaches to moderation and restraint in that context (58).

Substantive criteria for the evaluation of mergers and their impact on competition and trade within relevant markets can be found in the competition chapter of the OECD Guidelines for multinational enterprises, the Committee's 1984 report on the interaction between competition and trade policies and the 1986 Council Recommendation for Co-operation between Member Countries in the Areas of Potential Conflict between Trade and Competition Policies. As was stressed in the 1984 report, competition authorities should be sensitive to the realities and developments in international trade including, in particular, trade rules and the growing internationalisation of markets.

According to the 1986 Recommendation, they should take into account the role of imports and the existence of trade barriers when assessing restrictive business practices within relevant markets. These recommendations should be of particular value to market definitions in merger cases.

In addition, there are four bilateral antitrust co-operation agreements in existence which also address jurisdictional and other issues in the enforcement of antitrust law and policy (59). Finally, the UN Set of Multilaterally Agreed Equitable Principles and Rules for the Control of Restrictive Business Practices should be mentioned: it applies to mergers, takeovers, joint ventures or other acquisitions of control, whether of a horizontal, vertical or a conglomerate nature (Section D.4.c).

Whenever any legislation, regulation or procedure affecting an international merger may involve discrimination against non-resident enterprises, the measures concerned fall within the purview of the OECD Code of Liberalisation of Capital Movements. The Code contains an obligation to accord non-resident enterprises the same treatment as national enterprises for investment regarding mergers and acquisitions, unless the country concerned has specifically reserved its position on such operations in advance. Reservations of this kind are subject to periodic examination by the Committee on Capital Movements and Invisible Transactions which has responsibility for implementing the Code (60). A similar situation applies regarding measures affecting established foreign-controlled enterprises which are subject to notification and examination procedures under the OECD National Treatment instrument. These procedures are implemented by the OECD Committee on International Investment and Multinational Enterprises (61).

CHAPTER 3

PARTICULAR COMPETITION ISSUES IN INTERNATIONAL MERGER CASES

As noted earlier, this chapter is concerned with an analysis of the two major competition issues that have arisen in actual international merger cases investigated in Member countries: i) definition and analysis of the relevant product and geographical market and ii) problems relating to the obtaining of information abroad and other jurisdictional-type issues such as conflicting or concurrently applied merger laws, as well as the remedies applied.

The analysis in this chapter is based on cases, statements by competition officials, guidelines, articles and other authoritative sources. It should be noted that case law on these issues is not well developed as most merger cases, especially those dealing with international mergers, tend to be settled before court proceedings are initiated.

I. DEFINITION AND ANALYSIS OF THE RELEVANT MARKET

To appreciate the effects of international mergers, the starting point, as for national mergers, is to assess the actual market shares and to evaluate the likely future market power resulting from the merger in the relevant market. The definition of relevant geographic and product markets is one of the most difficult issues that antitrust authorities have to face to the extent that they have to identify a market as a "magic grouping of transactions around which a circle is drawn and that circle is treated as an impermeable barrier" (62). The analysis of the international aspects of mergers is even more difficult because complex trade and economic policy considerations have to be taken into account and such policies may change over time (63).

Commentators have identified among economic factors to be taken into account in defining the relevant market, the possible changes in transport costs, exchange rates, as well as the after-sales services and spare parts. Monetary fluctuations are of a primary significance insofar as future devaluation or depreciation in a given country may make imports so expensive as to discourage foreign suppliers from selling in the market concerned so that, at the time of the analysis, the market shares ascribed to foreign sellers may have been overstated. On the other hand, a sharp appreciation of the currency of the importing country may allow foreign suppliers to sell at prices below their domestic prices and significantly expand their market shares unless prevented by anti-dumping action (and thus leading to an under-estimation of potential suppliers).

Trade policy factors may be even more complex to assess. For example, changes in the tariff policy of the importing country have the effect of making imports more or less expensive. As shown below, the most difficult assessment relates to selective trade measures such as voluntary export restraints because the effects of such policies on trade flows and market structures are complex and sometimes unforeseen at the time when these measures are introduced.

The following three sub-sections will review the US experience: i) the literature on the definition of the geographic market, particularly in relation to foreign competition issues; ii) some Court decisions in this area; iii) the 1984 Merger Guidelines of the US Department of Justice. The fourth sub-section will provide information in other Member countries relating to an analysis of the relevant market.

A. REVIEW OF RECENT THINKING IN THE UNITED STATES

A considerable amount of literature was written on this topic during the seventies and early eighties (64), especially in the United States, which appears to have influenced some assumptions of the 1982 Merger Guidelines as revised in 1984. The discussion has generally focused on domestic industries subject to foreign competition but is equally relevant in the context of international mergers. As stated by A. F. Abbott, Attorney at the Department of Justice Antitrust Division (65), "a decision to exclude foreign competition and define the relevant market on a national basis runs the risk that concentration ratios may overstate monopoly power. On the other hand, the inclusion of foreign competition in the market may understate potential monopoly power, to the extent that foreign firms would not be able to expand their supply (because of import restraints or for other reasons) in the event of a sustained price rise by domestic firms."

In 1978, Areeda and Turner advocated an analysis based on present facts rather than presumptions regarding possible future changes in exchange rates and trade policies. Accordingly, if a geographic market analysis based on present facts includes imports, this analysis would take into account the full output of foreign suppliers and the threat of import restrictions or possible changes in trade patterns would be ignored (66).

In 1981, Landes and Posner criticized Areeda and Turner partly because their analysis included only the actual output of foreign suppliers and did not take into account their total productive capacity, thus understating the ability of these suppliers to increase their imports and overstating the possible market power of the merging firms (67). They showed that market share is only one factor in the assessment of market power. They argued that, while other factors like elasticity of demand and supply are difficult to evaluate by Courts, they should, however, be taken into account. They also considered that, if there are significant and regular imports of a product into the United States, they must be included in the relevant market. They finally concluded that foreign producers responsible for imports should be assigned market shares based on their total production and productive capacity, regardless of the extent of their current exports to the United States. However, three conditions have to be met by the foreign firm: i) the imported products have to be identical or substitutable to the domestic products; ii) foreign sales of these products to the US have to be persistent

over time and iii) the foreign suppliers must have available capacity which they can easily divert to the US market (68).

While also fully recognising the need to take into account foreign competition, subsequent literature seems somewhat divergent (69). The two main criticisms are the following. First, the inclusion of foreign competition as proposed by Landes and Posner is accurate only if foreign and domestic products are perfectly identical. Second, the capability of foreign suppliers to switch productive capacity from domestic to foreign markets may be overestimated. In such circumstances, if the total productive capacity of foreign suppliers were taken into account, it could understate the opportunity of merging firms to exercise market power. Another commentator (70), considers that it would be seldom "appropriate to include the foreign producer's entire capacity in measuring the US market effect". In his view, the question whether a foreign firm has divertible capacity involves too many imponderables including policies in its home market and the depth of its export commitments to other countries.

As already noted, import restrictions, i.e., tariffs, fixed quotas and percentage quotas, are some of the most significant factors to be included in the analysis of international mergers in order to evaluate the likely future competitive situation. T. Calvani, Commissioner at the US Federal Trade Commission, discussed this issue at length in a recent speech: "by contrast to tariffs, which normally only shift the foreign supply curve upward and do not change its basic shape or direction, quotas can result in a foreign supply response of zero ... A quota might be thought to set a clear limit on an importer's competitive significance..." but "quotas might be evaded, for example, by triangular trades. The goods can go to a third country, not subject to the quotas, and can free up production from that country's previous suppliers for export to the United States". According to A. F. Abbott, insofar as foreign supply price elasticity remains positive in response to a domestic price increase, it is almost never appropriate to cite the existence of tariffs as grounds for significantly discounting foreign market shares if imports are already present in the market. Unlike tariffs, fixed quantity quotas yield a foreign supply price elasticity equal to zero and, consequently, market shares based on foreign productive capacity, sales or shipments should be heavily discounted in the presence of effective (worldwide in scope) fixed-quantity quotas (71). However, this is less obvious for selective import limitation measures like voluntary export restraints (VERs), which can be more easily circumvented by trade diversion or which may result in increased imports from third countries not subject to the restriction.

B. US CASE LAW

A number of commentators referred to above have also discussed some benchmark decisions addressing more or less directly the issue of foreign imports. In fact only a few cases have addressed the question directly. The decision considered by some commentators as directly relevant to the implications of trade restrictions for relevant market analysis was US v. Standard Oil (Indiana) (1964). The Court considered that, given the fact that the government had the power to lift market restrictions under an executive order, the restricted foreign supply capacity of crude oil should be included in the market.

D. Baker, former Assistant Attorney General at the US Department of Justice, in the 1984 article summarized below, provides illustrative types of markets where decisions have been taken by Courts. The illustration is divided into the following three types:

a) Truly international markets

According to Baker, "because of the absence of tariff barriers, the significance of transportation costs in relation to price, economies of scale or specialization in production and the nature of demand, markets for some products may be truly international in scope". The author refers to three cases. In the first one, United States v. Tracinda Investment Corporation (1979), the Court found that the relevant geographic market in film production and distribution was worldwide. In the second case, Gearhart Industries Inc. v. Smith International, Inc. (1984) the Judge found a worldwide market for "measurement-while-drilling" equipment" (MWD) on the basis of the company's documents and sales which proved that its service was worldwide in scope. As pointed out by the author, the fact that a market is truly international does not in itself imply that the transaction will not be challenged. This is illustrated by the business review procedure applied by the Department of Justice in 1976 where a joint venture in the jet engine market in which about six firms compete worldwide was cleared while another involving the same firms was denied, the reason being the dissimilar competitive effects of the two transactions (72).

b) Domestic markets with substantial imports

Already in Alcoa (1945), a general distinction was made between domestic and foreign competition: "the first is limited in quantity and can increase only by increase in plant and personnel; the second is of producers who, we must assume, produce much more than they import, and whom a rise in price will presumably induce immediately to divert to the American market what they have been selling elsewhere" (73). In 1984, one benchmark decision, LTV and Republic Steel, tested the criteria on foreign competition in the 1982 Merger Guidelines. Initially, the Department of Justice announced that it intended to challenge the merger because it considered that foreign competition would not constitute a sufficient pressure mainly given "customer purchasing preferences" as well as "existing import quotas and voluntary restraints". However, the Department of Justice ultimately accepted a consent decree allowing the merger on the condition that two steel mills were divested. In approving this consent decree when it was challenged, the Court of the District of Columbia considered that "... Potential and actual foreign imports have a significant impact on domestic prices in determining the size of the relevant product market ... Foreign competition therefore must be included in determining the size of market shares and the degree of market concentration" (74).

c) Domestic markets in which foreign firms are fringe competitors

In some instances, the perceived threat of market entry by foreign suppliers exercises an even stronger competitive pressure on

28

domestic firms than actual imports in the domestic market. Two cases illustrate such a situation. In the first case, United States v. El Paso Natural Gas Co. (1964), the merger was challenged because the acquirer, the pipeline company Northwest, had shown by its bids for supply of natural gas into California that it was an actual competitor of the proposed acquired company, El Paso, the only supplier of this product in California. The Court considered that "unsuccessful bidders are no less competitors than the successful one" (75). The second case, Brunswick-Yamaha (1981) has already been dealt with in the OECD report on joint ventures (76). The Japanese firm was considered an actual potential entrant and the FTC found that the joint venture resulted in a less competitive market than the one that would have resulted from the entry of Yamaha as an independent competitor (77).

It is useful to note that illegality based on a loss of such "actual potential competition" seems to have become harder to establish in the US since the Commission issued its Brunswick decision. The most difficult element to establish is whether the potential entrant was likely to have entered absent the joint venture (or merger). The Commission found that Yamaha "would have entered" the US market but for the joint venture, looking to objective economic factors making the market attractive to Yamaha and Yamaha's "concrete plans to enter" without the joint venture. More recently, the Commission has had a divestiture order overturned in the BAT-Appleton case (78) and itself has declined to prohibit the merger on the basis of an actual potential competition theory absent clear proof of subjective intent to enter (79).

C. 1984 MERGER GUIDELINES

The previous discussion of US literature and case law has shown a growing trend to include considerations relating to foreign competition in antitrust analysis of mergers. It was with the publication of the 1982 Guidelines (revised in 1984) by the United States, that a significant new contribution was made by the Department of Justice to clarifying the framework for defining markets for purposes of merger analysis. The 1982 Guidelines made it clear that foreign competition frequently played an important role in merger analysis but did not spell out in sufficient detail how imports and foreign capacity would be taken into account. The 1984 Revision of the Guidelines attempted to do this. They significantly strengthen the need to recognize foreign competition and explicitly deal with it at length (in particular, in sections 2.34 and 3.23).

The Guidelines define a market as a group of products and a geographic area such that a hypothetical firm that is the only present and future seller of those products in that area would possess market power, defined as the power profitably to restrict output and to raise prices. A firm that is the only present seller of those products in that area would be considered not to be able to exercise market power if its attempt to impose a small but significant and non-transitory price increase would cause buyers to switch to other products or to products in other areas or would induce other firms to enter the product market. Firms that sell substitutable products or are potential market entrants would prevent the exercise of market power. The Guidelines translate these principles of market power into a market-definition

standard that is known as the "five-per cent test". Markets are delineated by postulating a "small but significant and non-transitory" price increase -- generally of five per cent for one year -- for each product of each merging firm at that firm's location and examining the likely responses of buyers, sellers of other products and sellers in other areas. If these competitive responses cause the price increase to be unprofitable, then the area and group of products are expanded to include additional products and areas until the price increase would be profitable to impose. At that point, the group of products and the area are considered to be a market.

Regarding the treatment to be assigned to foreign firms, the 1984 Revisions are neutral and explicitly stress that, as a general matter, the Guidelines' standards relating to the definition of markets and the calculation of market shares apply equally to foreign and domestic firms. If physical capacity, reserves or dollar production is used for domestic firms, the shares of foreign firms will be measured in terms of the capacity or reserves likely to be used to supply, or production that is likely to be shipped to, the relevant market in response to a "small but significant and non-transitory" price increase. Market shares are assigned on a firm-by-firm basis but a single market share may be assigned to a country or group of countries if firms in the country or group of countries act in co-ordination. Moreover, the assignation is made only "to the extent available information permits".

In the evaluation of the geographic substitutability, the factors taken into account include: shipment patterns of the parties and their actual competitors; possible shifting of purchases to different locations; differences and similarities in the price movements; transportation costs; costs of local distribution and excess capacity of firms outside the location of the merging firms. For the evaluation of product substitutability, the relevant evidence includes the buyers' and sellers' perception of substitutability and the similarities or differences between the products in customary usage, design, physical composition and others. In the identification of firms that produce the relevant product, the factors will include the possibility to shift the productive and distributive facilities from one product to another as well as substitutability by recycled or reconditioned goods. Generally, other relevant factors affecting the significance of market shares and concentration are also examined. They may raise more difficulties in the context of international mergers. These factors include: changes in market conditions, financial condition of firms in the relevant market, quotas or other trade restraints as well as limitations on available data concerning the amount of foreign capacity, ease of entry as well as degree of difference between the products and locations in the market and the next best substitutes.

Exchange rates and quotas have been identified as two of the most significant uncertainties which have to be taken into account in defining a market in the context of international mergers. As regards exchange rates, the Guidelines simply identify them as a problem to be considered, especially when they "fluctuate significantly making comparable calculations for different firms difficult. Then the volume of unit sales may be a better measure of market share than dollar sales and may be used instead". As noted by T. Calvani, "it may be that no one else can make the necessary predictions ... and thus that the Guidelines say about as much as can be said on the subject". In such circumstances, "one thing we can do in merger analysis is

inquire what the merging parties think about exchange rates; if they have made their plan based on an assumption that the dollar will fall, it may make sense for us to assume the same thing" (80).

As compared to exchange rates, the Guidelines are much more explicit on import restrictions and state two rules. First, no foreign firm is excluded from the market solely because its sales in the United States are subject to import quotas. The reasons given are that it is difficult to assess the effects of a particular quota or to measure the likely supply response from firms in countries not subject to the quota. However, according to a second rule the effects of the quota will be taken into account for the interpretation of market shares. The market shares assigned to the foreign competitor will not exceed the amount of imports permitted if a quota prevents a foreign competitor from increasing the amount of its shipments to the United States in response to a price increase. The Guidelines are silent on other trade restraints such as tariffs. There is, however, an assurance that they will be considered by the Department of Justice as "less significant, but still important factors" (section 3.23) because they may also "cause actual import sales and shipment data to overstate the future competitive significance of foreign firms".

D. INFORMATION IN OTHER MEMBER COUNTRIES RELATING TO MARKET ANALYSIS

As compared to the United States, there are fewer authoritative sources on the impact of foreign competition on market analysis in other Member countries (81).

A formal market share criterion is sometimes laid down in merger control provisions to determine whether a particular merger falls within the scope of the control provisions. These market shares are usually expressed in terms of the national market (20 per cent or 25 per cent being the share thresholds usually prescribed), taking account of exports and imports. But whether or not formal market share criteria are provided, and in the majority of countries no such shares are defined, merger control authorities have been faced with the problem of defining the relevant product and geographical market.

Under the French approach the decisions are based on a multi-criteria analysis including a definition of the relevant market. It should be noted that, under the new 1986 Ordinance, the following three merger cases would not necessarily be reviewed in the same way. In the Locatel-Thorn merger decided by the French Competition Commission in 1979, involving the acquisition of a French company, Locatel, by a UK company, the Competition Commission had to decide whether the market for rented television sets was the same as the market for television sets sold or whether they were two separate markets. Based on the similarity of the service supplied by television sets whether for sale or rental and similarity of costs to the consumer, the Commission considered that the sale and rental of television sets constituted for the consumer alternative and substitutable marketing methods and concluded therefore that the relevant market was that for the commercialisation of television sets, whether for sale or rental. The Commission found that the merger would result in a less than 3.5 per cent share of the total market for television sets (in 1979) and that it was therefore not subject to review. However, if the market for rented television sets alone had been chosen the

31

acquisition led to the obtaining of 88 per cent of that market (82). This case clearly shows the significance of the definition of the relevant product market, namely, depending on the determination of the substitutable products, market shares could be assessed between 3.5 per cent and 88 percent and this had a significant effect on the outcome of the merger analysis.

In another French case, Cabot Corporation (USA)/Ashland (France), the Competition Commission blocked a merger in the carbon black industry in 1984, on the grounds that it would confer a dominant position on the parties which would have more than half of French production of carbon black as well as controlling 30 per cent of imports. In this connection, the Commission took into account imports and exports, including transport costs, and also the productive capacities in a significant number of countries as well as potential suppliers, before concluding that the merger would not improve the trade balance or employment prospects sufficiently to outweigh the restraints of competition (83).

In a third French case also decided in 1984, the Competition Commission considered that, given the existence of significant foreign excess productive capacity, it was unlikely that a new enterprise would enter the market to compensate for the total disappearance of actual competition between the merging parties, Rohm and Haas and Duolite, in the ion exchange resins sector. The merger was, however, authorised subject to certain conditions (84).

In the Philip-Morris/Rothmans proposed merger prohibited by the German FCO, the relevant product market was limited to cigarettes insofar as cigars, pipe tobaccos and other forms of tobacco were not perceived as substitutes by consumers. Barriers to entry were considered very high and the potential for competition by means of quality and innovation very low: market access was also restrained by the high level of advertising costs (20 per cent of turnover was allocated to advertising in order to achieve an acceptable level of profits), by the very high level of costs of marketing new products, by the fact that the market was stagnating, that the market leaders had similar resources, that the product was homogeneous and that there was parallel pricing behaviour. In such circumstances, and in the absence of shipments from abroad, the relevant geographic market was limited to the national territory (85).

In 1987, the EC Court of Justice reviewed the Philip Morris/Rothmans case in British-American Tobacco/R.J. Reynolds Industries following complaints by those two competitors. The Court of Justice expressly stressed that "every agreement must be assessed in its economic context and in particular in the light of the situation on the relevant market". In particular, the Court referred to the conclusions of the EC Commission which stated that, with the exception of the French and Italian markets, where there were state monopolies, the relevant geographic market, i.e. the Community market, was dominated by six groups of companies, among them the applicants and intervenors in that case. The Court also adopted the Commission's view that "on the market for cigarettes, which is stagnant and oligopolistic and [in which] there is no real competition on prices or in research, advertising and corporate acquisition are the principal means of increasing market shares. Furthermore, since the market is dominated by large companies with considerable resources and expertise and advertising is of great importance, barriers to entry are very high" (86).

Since the passage of the new Competition Act in Canada, there have been two significant merger transactions where actual or potential import competition was a significant factor in the Director's decision not to challenge the acquisition before the Competition Tribunal. In 1987, Fletcher Challenge Limited, a large New Zealand conglomerate which owns Crown Forest Industries Limited of British Columbia, acquired controlling interest in British Columbia Forest Products Limited. As a result of this transaction, the number of newsprint producers in western Canada were reduced from three to two and the already high domestic level of market concentration was further increased. However, competition was viewed not likely to be substantially lessened because of, among other factors, the existence of and potential sales of newsprint mills outside the region which included the United States. In the proposed acquisition of Dome Petroleum Limited by Amoco Canada Limited (a subsidiary of the Amoco Corporation, USA), the transaction when completed will also give rise to high levels of concentration in the market for natural gas liquids such as propane and butane. However, the Director has indicated that the competition effects of this merger are likely to be tempered by the impact of international market forces and potential new and alternative sources of natural gas liquids in both the United States and Canada.

II. PROCEDURAL AND JURISDICTIONAL ISSUES RELATING TO INTERNATIONAL MERGERS, INCLUDING REMEDIES

Differences in conceptual and day-to-day merger control approaches between OECD Member countries largely result from different views on the role that governments must play in business life, for example, through ownership of enterprises, control of their policies or financial support. In this context, international mergers may be seen by governments as strategically important insofar as they act on domestic market structures. As such, they may also be sources of conflicts. However, as has already been noted, case law on international mergers is scarce. In most instances, such cases are informally settled as a result of administrative proceedings and private litigation challenging mergers is not frequent.

One problem inherent in international mergers is that they may be subject to the laws of more than one country. In such cases, the merger may not raise any competition concerns in one country but be considered anticompetitive in another. Examples may be found in recent cases such as British Telecommunications (UK)/Mitel (Canada) (87), Elders (Australia)/Allied-Lyons (UK) (88), Deere (USA)/Versatile (Canada) (89). In addition, the same international merger may be reviewed by two or more competition authorities under different criteria as in the Philip Morris/Rothmans case (90) (reviewed by the German FCO and the EC Commission).

The procedural and jurisdictional issues arising in such cases may be grouped under three headings: i) merger notification procedures and cooperation between competition authorities; ii) the obtaining of information abroad which may be necessary to assess the impact of the merger; iii) available remedies.

A. NOTIFICATION PROCEDURES AND CO-OPERATION BETWEEN COMPETITION AUTHORITIES

In day-to-day enforcement, problems may arise from the existence of different sets of procedures in Member countries, for example, in the notification area. In general, the acquiring or acquired enterprise must be located on national territory to be subject to the mandatory notification requirements but, in some countries, notification is required of certain foreign mergers which have substantial effects on the domestic market. In these countries, the enforcement of these requirements presupposes, in each case, giving due consideration to international law. Criminal or administrative sanctions are generally provided for in the event of failure to notify or in the event of the provision of false or incomplete notification in the countries where notification is compulsory. Enterprises may be sued and fined by foreign competition authorities for non-compliance with these notification rules whereas the proposed merger has been allowed to proceed by the competition authorities of the home country. Notably, failure to notify a purely foreign merger has sometimes given rise to Court or administrative action in some Member countries, when it has been deemed to affect competition on the domestic market.

The Federal Supreme Court of Germany stated in 1979 that the merger notification requirements were applicable to the German parent company of an American company which had purchased another United States company as it had immediate and perceptible effects on the conditions of competition in the relevant domestic market ("Organische Pigmente" case) (91). Effects on the market are perceptible when the structural conditions for domestic competition are affected by the merger (for example, increase in domestic market shares, added know-how and/or added financial strength, access to the supply and sales markets for goods and services).

While in international merger cases the applicability of notification procedures has sometimes been challenged by the firms involved, the government of the country in which the acquiring firm is located usually perceives them as legitimate conditions to be fulfilled by a foreign firm and not as an infringement of national sovereignty (92). In addition, Member countries reported no cases of blocking statutes being invoked in international merger cases to prevent the transmission of information to an investigating authority. In fact, the most common situation is that governments concerned by a notified merger voluntarily co-operate in the course of the investigation. In this context, frequent use has been made of the procedures for co-operation provided by the OECD Council Recommendation and in bilateral treaties of antitrust co-operation.

In the very large majority of cases, the bilateral and international instruments for co-operation between governments have proved to work efficiently as they usually provide for exchanges of information as well as consultations after the notification and before the decision. For example, in 1986, a significant number of meetings and exchanges of letters were held between the US and Canadian governments in the case Deere (US)/Versatile (Canada), in accordance with the 1984 Memorandum of understanding between the two countries (93). Contacts also took place, in 1985, between the Australian and British competition authorities over the proposed takeover of Allied Lyons (UK) by Elders (Australia) in the British beer industry (94). There has also been quite an amount of contact and co-operation between Australian and New Zealand competition authorities arising from increasing levels of trans-Tasman

mergers in recent years. In the <u>Philip Morris/Rothmans</u> case dealt with by the German FCO, a number of countries were involved in the consultation process in accordance with the OECD Recommendation. In the decision itself, the FCO also noted that the UK Department referred to that Recommendation and requested consultations which were held before the issuance of the decision (95). In the same case reviewed at the Community level, intensive consultations were also held under the Recommendation between the EC Commission and the governments concerned by the investigation (96).

B. DIFFICULTIES IN OBTAINING INFORMATION

Difficulties in obtaining information have been dealt with at length in the OECD report on International Co-operation in the Collection of Information (1984). The report noted that competition investigations relating to international transactions have sometimes resulted in jurisdictional and other problems. The report also examined existing international arrangements to facilitate investigations and made some suggestions for improving international co-operation. It mainly resulted in the revision of the OECD Council Recommendation concerning co-operation between Member countries on restrictive business practices affecting international trade.

In the context of international mergers, the principal problem resides in the fact that information relevant to an investigation is often located abroad, for example the data on changes in market conditions, financial conditions of foreign competing firms, amount of foreign capacity, and differences between the products and their foreign best substitutes. Collecting information from the parties to the transactions is generally simpler than from other persons because the transaction cannot usually be consummated until there has been substantial compliance with requests for information. For various reasons already identified at length in the report on the collection of information, information may be difficult to obtain from abroad through serving of requests of information or investigations involving persons or enterprises located abroad.

Two issues may be particularly relevant in the context of international mergers: time constraints and confidentiality. As for national mergers, time limitations are usually imposed on competition authorities for deciding whether or not a pre-notified merger should be challenged. In the United States, for example, under the Hart-Scott-Rodino Act, the antitrust authorities are allowed 30 days from the filing date (20 days in the case of cash tender offers) to decide whether or not a second request for information should be issued. Time limitations may be a major constraint in the investigation of a merger involving foreign companies, especially where information has to be obtained from third parties. As stated by one FTC official, "certainly the best evidence of intention to enter in the event that the price is varied will come from the people who are likely to take some action when the price goes up. When third parties are foreigners, a very difficult situation can arise. Asking for their product or marketing plans in the event that the price goes up is not the kind of question that a lot of foreign businesses are prepared to answer" (97). In particular, the demonstration that the foreign company involved in the merger was a potential entrant has to be based on "concrete plans". Such "concrete plans", however, may not always be available to law enforcement officials, particularly if the foreign potential entrant is well-counselled that the drafting of such plans,

or the giving of comparable testimony, would provide the basis for overturning a joint venture or merger (98). On the other hand, voluntary co-operation by a foreign enterprise in a merger investigation is usually wholehearted, if this may facilitate approval of the transaction by the examining authority or if, as a third party, it feels that its interests would be affected by a merger under investigation.

Another problem in international merger cases may be confidentiality. While protecting the interests of the domestic firm, uncertainties resulting from the lack of information due to confidentiality may impede an adequate assessment by the investigating country of the effects of the international acquisition on its own market. In many cases, such problems are resolved by voluntary compliance of companies with requests for information emanating from foreign authorities. For example, during the joint venture investigation GM/Toyota confidential information was obtained from Toyota after negotiations between Toyota and the FTC staff (99). In another FTC case, a UK corporation and the UK government protested against the specifications of a request for additional information and its compliance terms. After negotiations, the parties were able to comply with the request and the Commission has accepted a consent order (100).

Confidentiality issues may also arise in the context of exchange of information between competition authorities. It is therefore important that, as stated in the Principles attached to the 1986 Council Recommendation, "at the request of the country providing information, the receiving country [...] consider(s) the information exchanged to be confidential and that it will not be disclosed unless the country providing the information agrees to its disclosure or disclosure is compelled by law."

For confidentiality reasons, it may also happen that the information issued on a decision relating to an international merger is too meagre to cover adequately the particular features of the case, the criteria applied as well as the reasoning of the competition authorities. This may prejudice a good understanding of the numerous and sometimes diverging criteria applied for merger control in Member countries and have the effect of discouraging certain transactions. Thus, in 1984, a UK company, BAT Industries, after dismissal of an FTC complaint for an acquisition of a US company, Appleton Papers following six years of administrative proceedings, complained that its lack of knowledge of US antitrust procedures constituted a handicap. It also complained that defending the charge had cost BAT "several million dollars in legal fees, countless hours of management time and a vast tonnage of paperwork" (101). This case also illustrates the difficulty met by the investigating authorities which were not able to obtain clear evidence that the foreign company, BAT, would have entered the market independently, in the absence of the acquisition.

C. REMEDIES

1. Jurisdictional aspects

It is in the area of remedies applied to international mergers that special measures may have to be taken to take account of the international nature of the transaction as well as the need to avoid infringing the sovereignty or jurisdiction of another country. Such considerations may be

included directly in legislation, as is the case in Australia. As described in Chapter 2, section 50A was introduced into the Trade Practices Act to deal with mergers between purely foreign companies resulting in dominance of an Australian market brought about by the merging of their respective domestic subsidiaries. To take into account the potential for conflict with foreign laws and policies, the specific set of procedures and remedies provided for in section 50A is directed only at the domestic subsidiaries of the merging foreign companies. Thus, under that section, divestiture can be ordered but only against corporations within Australia.

So far, no other country has adopted a similar specific provision in its competition law. However, jurisdictional concerns are taken into account by administrative authorities and/or Courts either at the investigation or at the enforcement stage. A well-known case of outright prohibition of a purely foreign merger because of its effects on the German market is Bayer/Firestone. In 1980, the FCO notified to Bayer A.G. (Germany) its prohibition of the pre-notified acquisition, in France, of one division of Firestone France by Bayer France, subsidiary of Bayer A.G. The proposed acquisition was found to increase the already dominant position of Bayer in Germany on the synthetic rubber market. The decision was appealed before the Berlin Court of Appeal. Bayer invoked two basic reasons: i) the proposed merger had already been expressly approved and encouraged by the French Government for economic and social reasons (102) and ii) as a French company, it was submitted to the requirements of the French and not German legislation. The Court of Appeal reversed the decision of the FCO for procedural deficiencies without deciding the jurisdictional issues involved (103).

Divestiture as a remedy to overcome perceived anti-competitive effects of a merger or acquisition has frequently been limited to the domestic effects of the transaction in order to avoid conflicts with another jurisdiction. In 1970, the US Department of Justice filed a suit challenging the proposed merger of two Swiss chemical companies with large, competing subsidiaries in the US. The defendants in that case were both the Swiss parent companies, Ciba Ltd. and Geigy S.A., as well as their US subsidiaries, Ciba Corporation and Geigy Chemical Corporation. The consent decree settling the suit required the two US subsidiaries to divest their competing lines but was not directed at preventing the merger of the two Swiss parent companies (104). In the American Brands/Ofrex case the Department of Justice challenged the acquisition by a US corporation of a UK firm. Although the acquisition was carried out through a UK subsidiary of the US company, the action was brought against the US parent to avoid jurisdictional problems (105).

In Germany, the Philip Morris/Rothmans decision by the Berlin Court of Appeals raised significant problems as to the reach of the German competition law and the procedural difficulties associated with the investigation and remedies applied to it. In this case, the FCO prohibited the merger of the foreign parent companies making it clear, however, that the divestiture proceeding following the prohibition would be confined to the German subsidiaries of the foreign parents. The Berlin Court of Appeals held that it was basically admissible for national bodies vested with sovereign power to regulate extraterritorial matters with domestic effects; it also held the view that national legislation had to provide a sufficient basis for this purpose and must not run counter to the international law principle of non-interference. According to the decision of the Court of Appeals, the

national merger control provisions served exclusively to protect the domestic market and therefore decisions prohibiting mergers had to be confined to the domestic effects of a merger involving foreign parties. It was sufficient but also necessary for the protection of domestic competition to prohibit the merger between the domestic subsidiaries of the foreign parent companies.

Although both parties to the proceeding -- the appellants as well as the FCO -- lodged appeals on various points of law with the Federal Supreme Court, the Supreme Court did not clarify the problems surrounding admissibility and extent of decisions prohibiting international mergers. As the enterprises involved had restructured their participation model following the Appellate Court's decision (in order to no longer constitute a merger under the ARC) but prior to the Federal Supreme Court judgment, the latter Court, in its October 1985 decision, considered the case moot because as a result of the changes in the contractual arrangements between the parties to the merger the original order of the FCO was no longer applicable (106).

The above-mentioned considerations developed by the Berlin Court of Appeal can help to solve many cases of jurisdictional conflicts arising in international merger cases. However, there may be instances where application of national laws designed to remove anti-competitive effects in domestic markets can put into question the entire project, for example, when the assets in the Member countries concerned are indispensable for the effective functioning of the merger. Such problems can only be resolved on the basis of the principles of moderation and restraint through co-operation between Member countries concerned in accordance with the 1986 Recommendation.

2. Conditions attached to the authorisation of international mergers

Most frequently, international mergers have been allowed to proceed under certain conditions, which largely vary from one case and country to the next. Examples may be found in the following cases.

In the Rohm and Haas case already referred to above, the merger was considered by the French Competition Commission as eliminating actual competition between the parties. Nevertheless, the merger was authorised under certain conditions, in particular concerning the protection of the current level of jobs and the maintenance of Duolite as a legal entity located in France. One feature of this case is noteworthy in that Rohm and Haas/Duolite was also reviewed by the US authorities but in a different way. Rohm and Haas France and Duolite International were respectively subsidiaries of Rohm and Haas Corporation and Diamond Shamrock Corporation, which are both located in the United States. The US government filed an antitrust suit against Rohm and Haas, challenging the acquisition of a Californian chemical plant from Duolite which substantially reduced actual and potential competition between the two companies insofar as Duolite and Rohm and Haas both produce ion exchange resins. Rohm and Haas agreed to divest the Californian plant. Under the settlement it also agreed to help the new owner to set up an R and D laboratory, to advise him on the production of ion exchange resins and, finally also to help him to hire and train sales and technical staff to restore competition in the business (107).

In the United Kingdom, the proposed acquisition of Mitel (Canada) by British Telecommunications (BT) was referred in 1985 to the MMC which

considered that the merger would be likely to seriously reduce competition in the market, with adverse effects on telecommunications users who might expect reduced choice and higher prices. After privatisation, BT had been allowed to retain much of the monopoly power it previously enjoyed as a public corporation and this power would be further enhanced by the acquisition of a producer of equipment. The MMC considered, however, that simply to prohibit the merger would deprive BT of the opportunity of establishing a powerful presence in the international telecommunications market. A majority of the members considered that the adverse effects might be reduced sufficiently if BT were prevented from acquiring for use in the public network, or for supply in the UK, telecommunications apparatus produced by Mitel. The Secretary of State concluded that competition in the UK market would be sufficiently protected by imposing a ceiling on Mitel's marketing to and through BT, rather than a complete prohibition, and asked the Director General of Fair Trading (DGFT) to seek undertakings from BT on these lines. These were given by BT on 21st February 1986. BT agreed to restrict the supply of Mitel apparatus for use in BT's public telecommunications system and the distribution through Mitel of BT's apparatus to end-users in the UK to the level of the value of such products supplied in 1985 (108).

Following separate investigations in 1986 by the Canadian and US competition authorities, the acquisition by a US company, Deere and Company, of a division of a Canadian company, Versatile corporation, the US Department of Justice said it would not challenge the acquisition if certain conditions were satisfied. Initially the acquisition was viewed by Investment Canada as being of net benefit to Canada but the US Department of Justice expressed concern with respect to its adverse implications for competition in the sale of large four-wheel drive tractors. Versatile was the leading manufacturer with approximately 33 per cent of sales with Deere ranked second with 26 per cent. In such circumstances, the 1984 Memorandum of understanding between the two countries obliges both Governments to give "careful consideration to the significant national interests of the other" and to "seek to reduce, by accommodation and compromise, the scope and intensity of the conflict and its effects". The US Department of Justice's press release indicated that "having in mind ... the substantial Canadian interests in this matter, and consistent with our obligation under the 1984 Memorandum of Understanding on antitrust cooperation entered into between the United States and Canadian governments", the Department would treat Versatile as "failing" for purposes of satisfying a key aspect of the "failing company" defence in US merger law. The Department said it would not challenge the merger if, after an adequate 90-day search for a less anticompetitive purchaser, none were found (109). Ultimately, the Versatile farm equipment business was sold to another purchaser, the Ford Motor Company, which did not manufacture large four-wheel drive tractors.

CHAPTER 4

SUMMARY AND SUGGESTIONS FOR REVIEW OF INTERNATIONAL MERGERS

A. SUMMARY

A significant proportion of merger activity in OECD countries involves a foreign acquiring or acquired firm. This proportion is particularly high in Canada, where in 1986, foreign acquisitions alone of Canadian enterprises accounted for about 70 per cent of total acquisitions (as reported in the financial press). In other countries, this share varies between 8 per cent (Netherlands), 21 per cent (Denmark, inward acquisitions) and 33 per cent (United Kingdom). In the United States, the proportion of international mergers (inward and outward acquisitions) in 1985 accounted for 14 per cent by value of transactions. In Germany, where acquisitions abroad by German companies are also recorded, this figure amounted in 1986 to 43 per cent (16 per cent completed abroad and 27 per cent completed on the national territory but with a foreign element). For the EEC countries as a whole, 1985/1986 data show that foreign mergers and acquisitions accounted for more than a third of all merger activities.

The proportion of foreign to domestic mergers would seem to be either stable or rising in all countries for which data are available. While the majority of international mergers occur in manufacturing industry, in a number of countries, mergers in the sector of services, notably in the banking sector, are increasing. Two new trends in international merger activity are worth mentioning: firstly, an increase in the size of the operations with the appearance of large mergers, often referred to in the press as "mega-mergers"; secondly, a growing trend towards acquisition by means of management resisted takeover.

International mergers share many of the motivations determining investment and merger activity in general. It is not possible to generalise about the relative importance of the various determinants. The competitive effects of international mergers do not seem to differ greatly from those of wholly domestic mergers. However, the efficiency-enhancing potential of mergers may be increased across borders; in particular, international mergers may allow significant economies of scale and introduce vigorous competition in highly concentrated domestic markets characterised by entry barriers which it is difficult for domestic enterprises to overcome. There are nonetheless also potential anti-competitive effects such as, in the case of horizontal mergers, the elimination of actual or potential competitors as well as an increased potential for international collusion in the affected industry.

From the competition law perspective, the assessment of international mergers should not be different from the one applied to purely domestic

40

mergers; they should be analysed under competition laws according to the same criteria with the emphasis on evaluating on a case-by-case basis their pro- and anti-competitive effects. There have been complaints, however, that in certain instances, mergers with a foreign involvement have motivated particularly detailed or lengthy investigations under competition laws which may have ultimately prevented or discouraged the investment. In the countries where the criteria for merger controls include the public interest, foreign ownership may be one of the elements taken into account in the decision to challenge a transaction, e.g. for the reason that the merger would be detrimental to employment, export opportunities, national security or the national interest. Cases in which the treatment of non-resident or resident foreign-controlled enterprises may be discriminated against fall within the scope of the procedures associated with the OECD Capital Movements Code or the National Treatment Instrument, respectively under the purview of the Committee on Capital Movements and Invisible Transactions and the Committee on International Investment and Multinational Enterprises.

To appreciate the effects of international mergers under competition law, the starting point, as for national mergers, is to assess the actual market shares and to evaluate the likely future market power in the relevant market. The assessment of the impact of foreign competition has proved to be one of the most difficult issues for the evaluation of relevant geographic markets given the uncertainties attached to the evolution of trade patterns and trade policies. Markets may be international if there are no significant tariff or other trade barriers; if transportation costs in relation to prices are negligible; if there are considerable economies of scale and/or production is highly specialised. However, the presence of these factors does not imply by itself that a market is international. Even if defined in domestic terms, markets may be characterised by actual and substantial import competition. Finally, one should consider that even in the absence of actual imports, foreign suppliers "at the fringe of the market" can exercise competitive pressures and influence market conditions.

While all commentators recognise the need to take into account foreign competition, different views have been expressed as to how much of imports or productive capacity of foreign suppliers should be taken into account. Generally, existing trade patterns, demand and supply structures, transportation costs, exchange rates and trade restrictions are included in the analysis but the relative importance to be given to each factor is uncertain and has to be assessed on a case-by-case basis. Future exchange rates and trade policies are the most difficult predictions to be made in defining a market. Trade restrictions may be subject to frequent changes over time. Their effectiveness may sometimes be doubtful as they can be evaded to some extent, or, if they are of selective nature, may lead to increased imports from countries not subject to the restriction.

By definition, international mergers may be subject to the laws of more than one country and conflicts may arise from the fact that a merger which did not raise competitive concerns in one country may be considered anticompetitive in another.

Difficult issues of the collection of information and discovery may arise in international merger cases insofar as competition authorities need information located abroad to evaluate the foreign party's market share, capacities, lines of business and products, as well as those of its

competitors. Delays in fact-finding and lack of reliable and comparable accounting information may impede some assessments. In most cases, difficulties related to obtaining information have been resolved by voluntary compliance of enterprises with requests emanating from foreign competition authorities and no case of blocking statutes being invoked in merger investigations has been reported.

It is the issue of remedies which has given rise to the greatest number of problems of enforcement, on account of differing procedural and substantive rules in OECD countries' merger control provisions. Such problems may arise in particular in cases where mergers taking place abroad have a significant effect on operations of subsidiaries active within the domestic market. As shown by recent case law developments, such issues can be satisfactorily resolved by the exercise of moderation and restraint on the part of national competition authorities limiting their action to removing anti-competitive effects in the domestic market without exercising jurisdiction over the foreign merger as such.

B. SUGGESTIONS FOR THE REVIEW OF INTERNATIONAL MERGERS

Under competition laws and policies, international mergers should be assessed on a case-by-case basis according to the same criteria as those applicable to purely domestic mergers. To this effect reference is made to the suggestions for merger control set out in the Committee's 1984 Report which remain valid and are annexed to the present document. Competition laws and policies should not be used in a discriminatory manner to discourage foreign investment. While the foreign ownership of the acquiring or acquired firm may, in the particular circumstances, raise issues of concern to the authorities wider than any effect of the merger on competition, the application of competition laws and policies should not be concerned with the issue of foreign ownership as such.

In accordance with the 1986 Council Recommendation for co-operation between Member countries in areas of potential conflict between competition and trade policies, Member countries, when assessing the competitive effects of mergers within relevant markets should take into account the role of imports and the existence of trade barriers. In this context, the following factors should be part of the analysis of the relevant geographical market:

-- Existing trade, supply and demand patterns;

-- Transportation costs;

-- Exchange rate systems;

-- Trade barriers including tariffs, quotas, VERs and technical barriers to trade.

In considering these factors care should be taken to avoid markets being too narrowly defined disregarding actual or potential foreign competition. On the other hand, market analysis should avoid the application of excessively broad concepts based on an unrealistic evaluation of potential imports which could lead to the creation of mergers creating market power. Thus, the international dimension of relevant markets requires careful analysis taking

into consideration, to the extent possible, future prospects of tariffs and quantitative restrictions, the limitation of available data as to foreign productive capacity and the capability of foreign firms to overcome entry barriers, the possibility of currency fluctuations affecting imports and, more generally, a certain unpredictability in the international trading environment. Such criteria need to be applied equally to domestic as well as to international mergers.

When conducting investigations into international mergers and collecting information located abroad, Member countries should continue to co-operate under the 1986 Recommendation concerning co-operation between Member countries on restrictive business practices affecting international trade, taking into account the conclusions and recommendations set out in the Committee's 1984 Report on the collection of information abroad.

In applying their competition laws to international mergers, Member countries should exercise moderation and restraint taking into account the important interests of other countries affected by the merger. If the merger is completed abroad between foreign companies, governments should limit their action to those measures which are necessary to remedy anti-competitive consequences in their domestic market.

ANNEX

MERGER POLICIES AND RECENT TRENDS IN MERGERS

-- Extract from the OECD report on Merger Policies and Recent Trends
in Mergers: Suggestions for Merger Control (1984) --

This report has shown that merger control is increasingly recognised as an essential component of competition law and policy. While no single policy can be recommended for all countries given the variety of economic, legal and social systems, a number of features of merger control have proven their usefulness in several countries and are offered for the consideration of those countries planning to introduce or amend their merger control provisions.

The primary focus of merger provisions should be on prior control rather than on action subsequent to merger. Experience has shown that it is more practicable to prevent undesirable mergers than break up mergers that have already been consummated.

The basic criteria for evaluating mergers should take into account the pro and anti-competitive effects of proposed mergers in particular markets. Such criteria might also allow for the consideration of other factors deemed relevant to allowing or prohibiting a particular transaction. In any event, there is a need for a reasonable degree of predictability of the circumstances under which mergers are considered acceptable or unacceptable.   Therefore, Member countries should make as transparent as possible the criteria they apply, for instance by issuing explanations of the policies which they follow in applying merger controls in particular classes of cases. Such criteria could include for instance the determination of the relevant market in merger analysis, the level of concentration in the market, barriers to entry and factors relating to the firm's conduct and performance.

While most countries' provisions are focussed on horizontal mergers due to the capacity of such mergers to increase concentration in particular markets, vertical and conglomerate mergers may under certain circumstances have anti-competitive effects. Economic research on conglomerate mergers is relatively undeveloped and it is more difficult to make an a priori judgement about the circumstances in which conglomerate mergers will have anti-competitive effects or otherwise give rise to effects which are deemed to be against the public interest. Furthermore, in the case of a particular conglomerate or vertical merger, it may be more difficult than in a horizontal merger to identify and measure any detrimental effect in advance of the merger. Nevertheless, Member countries should give consideration to designing their merger control procedures so that they are capable of covering these mergers.

On the procedural side, Member countries which have not already done so should consider adopting mandatory prior notification of proposed mergers to ensure that significant mergers do not escape control as well as to obtain detailed information on the proposed transactions. In this context, mergers involving small acquiring and acquired enterprises could be exempted from pre-merger notification, so as to alleviate the reporting burden on them as well as to simplify control. However, acquisitions of relatively small enterprises by large firms could be brought within the control system to ensure that such acquisitions are not anti-competitive.

Merger investigations or decisions to challenge mergers should be made with minimum delay to avoid detriment to the companies planning to merge. In particular, reasonably short time limits should be laid down for making a preliminary decision whether to challenge or prohibit the merger or refer it for further investigation and a final decision as to whether to allow the merger or not should be taken as expeditiously as possible.

Experience has shown the usefulness of giving courts or administrative authorities the discretionary power to hold up a challenged merger for a limited period of time by means of a preliminary injunction in order to allow a full investigation to take place before a final decision is reached. Such a measure avoids the danger of an unwinding operation, which can be very complex and difficult, should the final decision be against the merger.

Concerning remedies, countries may find it useful to consider a third solution to merger cases other than simply allowing or banning a proposed merger, namely: allowing it on certain conditions subject to undertakings on the part of the acquired or merged firm to improve the conditions of competition by measures related to market structure such as divestiture of certain parts of the merging enterprises.

Corporate tax provisions in OECD Member countries might be considered from the point of view as to whether they unduly bias the decision of enterprises for or against merging or arranging voluntary dissolution of mergers.

Finally, the international nature of many mergers and other forms of concentration, as shown by the rise in many countries in the proportion of acquisitions in which foreign interests are involved, could prompt greater consideration of international factors on the part of competition authorities in determining the competitive effect on their own markets. The Committee of Experts on Restrictive Business Practices will give further consideration to these issues in the context of its future activities.

Where interests of other countries are involved in merger cases Member countries are encouraged to notify and consult one another under the terms of the 1979 Council Recommendation.

NOTES AND REFERENCES

1. The OECD has already published four reports in this area: Mergers and competition policy (1974); Concentration and competition policy (1979); Merger policies and recent trends in mergers (1984); and Competition policy and joint ventures (1986).

2. The mandate was given to Working Party No. 9 by the Committee in 1983.

3. However, stock exchange rules relating to acquisitions by means of takeover bids will not be reviewed in this report.

4. See in particular in the 1984 Report, paragraph 203.

5. The data are extracted from the yearly Almanac from Mergers and Acquisitions. Publication by Information for Industry, Philadelphia, USA, from 1985, 1986 and 1987. The transactions included involve US companies if that value is equal or above $1 million. Partial acquisitions of 5 per cent or more of a company's capital stock are included if the payments are $1 million or more. Detailed data covering various Member countries can also be found in "International mergers and takeovers: a review of trends and recent developments", by S.J. Gray and M.C. McDermott, European Management Journal, February 1988.

6. Mergers & Acquisitions, Vol.21 No.6, May/June 1987, p. 57.

7. Based on fiscal years from April to March.

8. In Canada, direct investment is normally identified by ownership of at least 10 per cent of the equity of the direct investment enterprise and is defined here as the book value, at a point in time, of long-term capital owned by direct investors in subsidiaries, affiliates and branches. Foreign acquisitions involve a foreign-owned-controlled acquiring company whereas domestic acquisitions involve an acquiring company not known to be foreign-owned or foreign-controlled.

9. The FIRA was in force from April 1974 to July 1985 and has been replaced by the Investment Canada Act. Inward acquisitions are notified under this Act. Regarding figures on domestic acquisitions, one has to be more cautious because they come from the financial press and are not so systematically recorded as inward operations. They are likely to under-estimate the overall merger activity on the national territory.

10.   See "les fusions d'entreprises en Suisse de 1973 à 1985", Division des Financements Spéciaux et de Conseil d'entreprise, Société de Banque suisse, January 1987.

11.   See the Report on Mergers and Takeovers in Denmark from the Monopolies Control Authority, August 1987.

12.   See OECD annual reports on Germany, 1984-1985, 1985-1986.

13.   See the annual report on the Netherlands, OECD, 1988.

14.   The minimum assets criterion determining whether a merger proposal falls within the scope of the Fair Trading Act was raised in 1984 from £15 million to £30 million. This change means that the figures for 1984-1986 are not directly comparable with those of earlier years.

15.   The data here come from the 16th report on Competition Policy of the EC Commission (paragraphs 317 to 328). The period covered is June 1985 to May 1986.

16.   1985/86 annual report, p. 16.

17.   Calculations based on figures submitted by the Netherlands Delegation in its annual report to the OECD, OECD, 1988.

18.   Calculations based on table 3, p. 215 of the UK annual report for 1985/86, OECD, 1987.

19.   Mergers and Acquisitions, Almanac 1987, p. 66 and 67.

20.   Ibid. p. 66.

21.   All types of mergers included (a + b + c), as defined in the EEC Report, cited at note 15 above).

22.   Calculations based on table 1, page 217 of the 16th report on competition policy of the EEC.

23.   See Mergers and Acquisitions, Almanac 1987, p. 66 and 67.

24.   Data quoted by Mr. Y. Nagatomo, Brussels Representative of JETRO, in a report on Japanese investments abroad on the occasion of a Symposium on "les stratégies commerciales japonaises en Europe et les réponses européennes", EUROPE Informations Internationales S.A. (Suisse), No 5454 of 30th October 1987.

25.   See OECD annual report on the Netherlands, 1985-1986.

26.   See International Investment and Multinational Enterprises: Recent Trends in International Direct Investment, OECD, 1987, pp. 22-23.

27.   See note 11.

28.   See note 10.

29. *Industry Week*, 7th January, 1985 quoting Commerce Dept. data.

30. For example, in the United States, the 25 largest foreign acquisitions of US interests each amounted to over 270 million dollars in 1986. The largest acquisition was made by Campeau Corp. (Canada) of Allied Stores Corp. for 3 608 million dollars. The second largest acquisition involved News Corp. Ltd (Australia) as the acquiring firm, and Metromedia Inc. (seven television stations), as the acquired company, for 1 990 million dollars. On the reverse side, i.e. the 10 largest US acquisitions of foreign interests in 1986, the value was lower. These 10 acquisitions involved amounts between 62 million and 246 million dollars. The largest acquisition was by Pepsi Co Inc of Seven-Up International (Switzerland) and the second largest transaction involved Cannon Group Inc. acquiring Screen Entertainment Ltd. (England) for 225.7 million dollars. From *Mergers and Acquisitions, 1987 Almanac*, pp. 66-67. See also the transactions reported by S.J. Gray and M.C. McDermott, op. cit. note 5.

31. See W. Adams and J. Brooks in *California Law Review*: "The new learning and the Euthanasia of Antitrust", quoting W.T. Grimm and Co., "Merger-stat. Review" 6, 9 (1985), which provides a list of announced or completed "mega-mergers".

32. In April 1987, the merger between the French Thomson-CSF semi-conductor company and the Italian SGS resulted in a $800 million semi-conductor company, second in Europe after Philips (Jifi Press Ticker Service, Singapore, September 2, 1987). The merger between Asea of Sweden and Brown Boveri of Switzerland will create one of the world's largest electrical engineering groups (Financial Times, August 12, 1987). Earlier mergers also involved Dunlop-Pirelli in rubber, Hoesch-Hoogovens in steel, VFW-Fokker in aerospace and Unidata in computers. See also the report from S. J. Gray and M.C. McDermott, op. cit. note 5.

33. See for example, in France, the recent reference to the Competition Council of the proposed hostile takeover of Saint Louis by Ferruzzi.

34. See notably: R.E. Caves and S. Mehra (1985): "Entry of Foreign Multinationals into US Manufacturing Industries" (unpublished); S. Globerman (1985): *Canada*, in J.H. Dunning (Ed.): *Multinational Enterprises, Economic structure and International Competitiveness* (Chichester: John Wiley and Sons); J. Baldwin, Gorecki and McVey (1985); "International Trade, Secondary Output and Concentration in Canadian Manufacturing Industries, 1979" forthcoming *Applied Economics*; J. Niosi (1985): "Canadian Multinationals" Toronto: *Between the lines*.

35. See the 1974 report op. cit., paragraphs 27 and 114; 1984 report, op. cit., paragraph 5.

36. Paragraph 322 the 16th Report on Competition Policy of the Commission of the European Communities.

37. See the report on joint ventures, op. cit. paragraphs 41-50.

38. Op. cit., note 10.

39. Steiner: <u>Mergers</u>, (pp. 189-95), University of Michigan (1975) or Caves: 1985 study already mentioned in note 34 and F.M. Scherer: <u>Industrial Market Structure and Economic Performance</u> (1980), p.127-132; Baldwin and Gorecki, "Mergers Policy in Canadian Manufacturing Industry -- 1971-79". (Discussion Paper No. 297, <u>Economic Council of Canada</u>). See note 34 and R. Caves, <u>Multinational Enterprises and Economic Analysis</u>, (1982); P.K. Gorecki, "The Determinants of Entry by Domestic and Foreign Enterprises in Canadian Manufacturing Industries: Some Comments and Results", <u>Review of Economics and Statistics 58</u>, November, 485-488; H.E. English and R.F. Owens (1981), "The role of marketing in the concentration and multinational control of manufacturing industries", Bureau of Competition Policy, <u>Canada Research Monograph No. 11</u>. See also in the United Kingdom: Steuer, "Impact of foreign direct investment in the United Kingdom", HMSO, 1973.

40. 1984 Report, see paragraph 9.

41. Symposium on Takeovers in the Journal of Economic Perspectives, Vol. 2 No. 1, Winter 1988, pp. 3-82. Jensen (pp.21-48) argues that the market for corporate control is creating large benefits for shareholders and for the economy as a whole by loosening control over vast amounts of resources and enabling them to move to their highest value use and presents evidence in support of this view. Scherer (pp. 69-82) examining takeovers in the US in the 1960s and early 1970s found no significant improvement in operating profitability following takeover.

42. See Scherer, op. cit, pp. 249-250.

43. OECD report on joint ventures, op. cit., paragraph 61.

44. See R. Caves, 1982, op. cit., which gives the example of the tobacco industry.

45. OECD, Paris, 1987.

46. See comparative table 1, 1984 report on mergers, pp.12-13.

47. Enserch Corporation and Davy Corporation Ltd., report from the Monopolies and Mergers Commission, September 1981, London (HMSO).

48. Part VIII of the Competition Act and accompanying regulations came into force on 15th July, 1987 (see ATTR, Vol.53, page 128).

49. Mr. Goldman's speech of 22nd-23rd October, 1987 presented to the 14th Annual Conference of the Fordham Corporate Law Institute.

50. Article 38 of the Competition Ordinance No. 86-1243 of 1st December, 1986.

51. Article 27 of the Decree No. 86-1309 of 29th December, 1986 on the conditions of applicability of Ordinance No. 86-1243.

52. Article 40 of the Ordinance.

53.   Continental Can Company Inc. (USA): Decision of the EC Commission of 8th February, 1972 and issued in the Official Journal L7, 1972; European Court of Justice decision: case 6/72, 21st February, 1973.

54.   Joined Cases 142 and 156/84, Judgment of the Court of Justice, 17th November, 1987.

55.   For a general discussion on the applicability of Articles 85 and 86 before the Reynolds case, see K. Banks, "Mergers and partial mergers under EEC law", 1988 (forthcoming).

56.   Amended proposal for a Council Regulation (EEC) on the control of concentrations between undertakings.

57.   Competition Policy and International Trade: OECD Instruments of Co-operation, OECD, Paris, 1987, p. 7.

58.   "Minimising Conflicting Requirements: Approaches of Moderation and Restraint", OECD, 1987.

59.   See OECD Instruments of Co-operation, op. cit., pp.10-11.

60.   See Introduction to the OECD Codes of Liberalisation, OECD, June 1987.

61.   See National Treatment for Foreign-Controlled Enterprises, OECD, 1985.

62.   Quotation from Donald I. Baker, formerly Assistant Attorney General, Antitrust Division of the Department of Justice, "Market definition in transnational joint ventures, mergers and monopolization", p. 118, 1984 Fordham Corporate Law Institute, Editor: Barry E. Hawk. This annual volume contains other articles on the theme "Antitrust and Trade Policies in International Trade" which are also relevant in the context of the present report, in particular: "Issues in international antitrust discovery: view from the FTC" by T. Calvani and R.W. Tritell; "Transnational joint ventures and mergers under US antitrust law" by J.T. Halverson; "Importing foreign competition into American antitrust analysis - Is this the new 'new learning'?" by S.M. Axinn, P.E. Greene and P.T. Denis; "Transnational antitrust and economics" by J.A.K. Ordover; "Market definition, mergers and joint ventures": statements by a number of panelists participating in the Conference.

63.   As stated by FTC Commissioner, T. Calvani, "these new factual considerations can profoundly complicate the already complicated problem of figuring out what is likely to happen after a merger or joint venture. Most importantly, the political factors that affect foreign trade are volatile, uncontrollable and to some extent unknowable. How can confident predictions be made about future effects ... when such important matters are so obscure". These "confident predictions" have sometimes to be based on political and economic uncertainties which might affect the significance of foreign competitors in understating or overstating their actual and potential imports." Remarks on "the uncertainties of international geographic markets" delivered at the Fourteenth Annual Fordham Corporate Law Institute, New York, 22nd October, 1987 (op. cit.). In his remarks,

Commissioner Calvani dealt in depth with issues relating to trade restraints and foreign competition.

64.   See, in particular, K.G. Elizinga and T.F. Hogarty, "The problem of geographic market delineation revisited: the case of coal", _Antitrust Bulletin_, Spring 1978; P. Areeda and D. Turner, "Antitrust Law", 1978; R. Posner, "Antitrust Law: an economic perspective", 1976.

65.   Alden F. Abbott, Special Assistant to the Assistant Attorney General, Antitrust Division, US Department of Justice: "Foreign competition and relevant market definition under the Department of Justice's Merger Guidelines", _Antitrust Bulletin_, Summer 1985.

66.   Areeda and Turner, "Antitrust Law", 1978.

67.   W.M. Landes and R.A. Posner, "Market power in antitrust cases", _Harvard Law Review_, March 1981.

68.   See Baker, op.cit. p. 138.

69.   Brennan, "Mistaken Elasticities and misleading rules", _Harvard Law Review_, 1982; Kaplow, "The accuracy of traditional market power analysis and a direct adjustment approach", _Harvard Law Review_, 1982; Schmalensee, "Another look at market power", _Harvard Law Review_, 1982; J. Ordover et R. Willig, "The 1982 Department of Justice Merger Guidelines: an economic assessment", _California Law Review_, 1983. See also the article quoted above from Ordover in the proceedings of the 1984 Fordham Corporate Law Institute.

70.   Baker, op.cit. p. 138: "In sum, I very much doubt that it would very often be appropriate to include the foreign producer's entire capacity in measuring the US market effect if the firm sells extensively in foreign markets".

71.   Abbott, op. cit., pp. 319-320.

72.   This article from D. Baker is already quoted above. United States v. Tracinda Investment Corp., 477F. Supp. 1093 (C.D. Cal. 1979); Gearhart Industries Inc. v. Smith International Inc, 592 F. Supp. 203, modified on other grounds, 741 F 2d 707 (5th Circ. 1984) (N.D. Tex. 1984).

73.   United States v. Aluminium Co. of America, 148 F 2d 415, 426 (2d Cir. 1945).

74.   United States v. LTV Corp., 1984-2 Trade Cas. (CCH), paragraphs 66133 at 66343 (D.D.C. 1984).

75.   United States v. El Paso Natural Gas Co., 376 US 651 (1964).

76.   Brunswick Corp., et al. 94 FTC 1174 (1979), affirmed under the name Yamaha Motor Co. Ltd v. FTC, 657 F. 2d 971 (8th Cir. 1981).

77.   See, in the report on joint ventures, paragraphs 204-211.

78. See paragraph 116 for a more detailed description of the case BAT – Appleton.

79. Financial Times, 2nd and 3rd January, 1985.

80. Remarks, op. cit. p. 13.

81. See, generally, F. Fishwick on the discussion of "The definition of the relevant market in the EEC", EC Document, 1986; Focsaneanu : "La jurisprudence de la Cour de Justice des C.E. en matière de concurrence : marché des produits en considération", Revue du Marché Commun, N° 191, December 1975; Schroter: "Le concept de marché en cause dans l'application des articles 66, paragraphe 7, du Traité CECA et 86 du Traité CEE", in La règlementation du droit communautaire, College of Europe, Templehof, Bruges, 1977; Glais and Laurent: "Traité d'économie et de droit de la concurrence", PUF, Paris, 1983; Fox: "Abuse of dominant positions under the Treaty of Rome – comparison with US Law", Annual proceedings of the Fordham Corporate Law Institute, 1983.

82. See, for a more detailed analysis, the 1984 report, paragraph 77.

83. Avis de la Commission de la Concurrence, May 10, 1984; Arrêté n° 84-53/C, BOCC, 22nd June, 1984.

84. Proposed acquisition of Duolite International S.A. by Rohm and Haas France S.A.: avis de la Commission de la concurrence, 2nd February, 1984, BOCC, 23rd October, 1984.

85. Berlin Court of Appeals, Decision of 16th June, 1983 in the administrative proceedings case, Rembrandt Group et al. v. Federal Cartel Office: WuW/E OLG 3051 (1983).

86. Joined Cases 142 and 156/84: Judgment of the Court, 17th November, 1987.

87. Report from the MMC, 27th January, 1986. Press release, Department of Trade and Industry, 21st February, 1986.

88. Proposed acquisition in the beer industry, 1985.

89. Department of Justice, Press release, 20th June, 1986. Acquisition formally allowed to proceed by Investment Canada on 13th March, 1986.

90. See paras.101-102.

91. WuW/BGH 1613 (1979).

92. See, in general, "International Antitrust discovery and the FTC", op. cit.

93. Memorandum of understanding as to notification, consultation and co-operation with respect to the application of national antitrust laws, 9th March, 1984.

94. See note 88.

95. Decision of the FCO of 24th February, 1982, WuW6/1982, p. 484.

96. See note 86.

97. See "Panel on market definition, mergers and joint ventures", Fordham Corporate Conference, op. cit., statement by E.F. Glynn, Assistant Director for International Antitrust, Federal Trade Commission, p. 256.

98. In Brunswick-Yamaha, the FTC referred to such "concrete plans to enter" the market.

99. See details on this case in the report on joint ventures, paragraphs 212-220.

100. See "International antitrust discovery and the FTC", op. cit., p. 102.

101. BAT Industries-Appleton, see para 89.

102. The purchase was formally authorised by the French Ministry of Economics and Finance by letter of 30th July, 1980.

103. Decision of the Court of Appeal from 26th November, 1980; WuW 6/1981.

104. Suit filed by the US Department of Justice in 1970. Press release, 17th July, 1970.

105. Department of Justice, Press release, 2nd August, 1982.

106. Federal Supreme Court Decision, 29th October, 1985., WuW 6/1986, pp. 481-495.

107. See paragraph 100.

108. The MMC report was published on 27th January, 1986.

109. Department of Justice, Press release, 20th June, 1986.

WHERE TO OBTAIN OECD PUBLICATIONS
OÙ OBTENIR LES PUBLICATIONS DE L'OCDE

ARGENTINA - ARGENTINE
Carlos Hirsch S.R.L.,
Florida 165, 4º Piso,
(Galeria Guemes) 1333 Buenos Aires
Tel. 33.1787.2391 y 30.7122

AUSTRALIA - AUSTRALIE
D.A. Book (Aust.) Pty. Ltd.
11-13 Station Street (P.O. Box 163)
Mitcham, Vic. 3132   Tel. (03) 873 4411

AUSTRIA - AUTRICHE
OECD Publications and Information Centre,
4 Simrockstrasse,
5300 Bonn (Germany)   Tel. (0228) 21.60.45
Gerold & Co., Graben 31, Wien 1 Tel. 52.22.35

BELGIUM - BELGIQUE
Jean de Lannoy,
Avenue du Roi 202
B-1060 Bruxelles   Tel. (02) 538.51.69

CANADA
Renouf Publishing Company Ltd/
Éditions Renouf Ltée,
1294 Algoma Road, Ottawa, Ont. K1B 3W8
Tel: (613) 741-4333
Toll Free/Sans Frais:
Ontario, Quebec, Maritimes:
1-800-267-1805
Western Canada, Newfoundland:
1-800-267-1826
Stores/Magasins:
61 rue Sparks St., Ottawa, Ont. K1P 5A6
Tel: (613) 238-8985
211 rue Yonge St., Toronto, Ont. M5B 1M4
Tel: (416) 363-3171
Federal Publications Inc.,
301-303 King St. W.,
Toronto, Ont. M5V 1J5
Tel. (416)581-1552
Les Éditions la Liberté inc.,
3020 Chemin Sainte-Foy,
Sainte-Foy, P.Q. G1X 3V6,
Tel. (418)658-3763

DENMARK - DANEMARK
Munksgaard Export and Subscription Service
35, Nørre Søgade, DK-1370 København K
Tel. +45.1.12.85.70

FINLAND - FINLANDE
Akateeminen Kirjakauppa,
Keskuskatu 1, 00100 Helsinki 10   Tel. 0.12141

FRANCE
OCDE/OECD
Mail Orders/Commandes par correspondance :
2, rue André-Pascal,
75775 Paris Cedex 16
Tel. (1) 45.24.82.00
Bookshop/Librairie : 33, rue Octave-Feuillet
75016 Paris
Tel. (1) 45.24.81.67 or/ou (1) 45.24.81.81
Librairie de l'Université,
12a, rue Nazareth,
13602 Aix-en-Provence   Tel. 42.26.18.08

GERMANY - ALLEMAGNE
OECD Publications and Information Centre,
4 Simrockstrasse,
5300 Bonn   Tel. (0228) 21.60.45

GREECE - GRÈCE
Librairie Kauffmann,
28, rue du Stade, 105 64 Athens Tel. 322.21.60

HONG KONG
Government Information Services,
Publications (Sales) Office,
Information Services Department
No. 1, Battery Path, Central

ICELAND - ISLANDE
Snæbjörn Jónsson & Co., h.f.,
Hafnarstræti 4 & 9,
P.O.B. 1131 - Reykjavik
Tel. 13133/14281/11936

INDIA - INDE
Oxford Book and Stationery Co.,
Scindia House, New Delhi 110001
Tel. 331.5896/5308
17 Park St., Calcutta 700016   Tel. 240832

INDONESIA - INDONÉSIE
Pdii-Lipi, P.O. Box 3065/JKT.Jakarta
Tel. 583467

IRELAND - IRLANDE
TDC Publishers - Library Suppliers,
12 North Frederick Street, Dublin 1
Tel. 744835-749677

ITALY - ITALIE
Libreria Commissionaria Sansoni,
Via Lamarmora 45, 50121 Firenze
Tel. 579751/584468
Via Bartolini 29, 20155 Milano   Tel. 365083
La diffusione delle pubblicazioni OCSE viene
assicurata dalle principali librerie ed anche da :
Editrice e Libreria Herder,
Piazza Montecitorio 120, 00186 Roma
Tel. 6794628
Libreria Hœpli,
Via Hœpli 5, 20121 Milano   Tel. 865446
Libreria Scientifica
Dott. Lucio de Biasio "Aeiou"
Via Meravigli 16, 20123 Milano   Tel. 807679

JAPAN - JAPON
OECD Publications and Information Centre,
Landic Akasaka Bldg., 2-3-4 Akasaka,
Minato-ku, Tokyo 107   Tel. 586.2016

KOREA - CORÉE
Kyobo Book Centre Co. Ltd.
P.O.Box: Kwang Hwa Moon 1658,
Seoul   Tel. (REP) 730.78.91

LEBANON - LIBAN
Documenta Scientifica/Redico,
Edison Building, Bliss St.,
P.O.B. 5641, Beirut   Tel. 354429-344425

MALAYSIA/SINGAPORE -
MALAISIE/SINGAPOUR
University of Malaya Co-operative Bookshop
Ltd.,
7 Lrg 51A/227A, Petaling Jaya
Malaysia   Tel. 7565000/7565425
Information Publications Pte Ltd
Pei-Fu Industrial Building,
24 New Industrial Road No. 02-06
Singapore 1953   Tel. 2831786, 2831798

NETHERLANDS - PAYS-BAS
SDU Uitgeverij
Christoffel Plantijnstraat 2
Postbus 20014
2500 EA's-Gravenhage   Tel. 070-789911
Voor bestellingen: Tel. 070-789880

NEW ZEALAND - NOUVELLE-ZÉLANDE
Government Printing Office Bookshops:
Auckland: Retail Bookshop, 25 Rutland Stseet,
Mail Orders, 85 Beach Road
Private Bag C.P.O.
Hamilton: Retail: Ward Street,
Mail Orders, P.O. Box 857
Wellington: Retail, Mulgrave Street, (Head
Office)
Cubacade World Trade Centre,
Mail Orders, Private Bag
Christchurch: Retail, 159 Hereford Street,
Mail Orders, Private Bag
Dunedin: Retail, Princes Street,
Mail Orders, P.O. Box 1104

NORWAY - NORVÈGE
Narvesen Info Center – NIC,
Bertrand Narvesens vei 2,
P.O.B. 6125 Etterstad, 0602 Oslo 6
Tel. (02) 67.83.10, (02) 68.40.20

PAKISTAN
Mirza Book Agency
65 Shahrah Quaid-E-Azam, Lahore 3 Tel. 66839

PHILIPPINES
I.J. Sagun Enterprises, Inc.
P.O. Box 4322 CPO Manila
Tel. 695-1946, 922-9495

PORTUGAL
Livraria Portugal,
Rua do Carmo 70-74,
1117 Lisboa Codex   Tel. 360582/3

SINGAPORE/MALAYSIA -
SINGAPOUR/MALAISIE
See "Malaysia/Singapor". Voir
« Malaisie/Singapour »

SPAIN - ESPAGNE
Mundi-Prensa Libros, S.A.,
Castelló 37, Apartado 1223, Madrid-28001
Tel. 431.33.99
Libreria Bosch, Ronda Universidad 11,
Barcelona 7   Tel. 317.53.08/317.53.58

SWEDEN - SUÈDE
AB CE Fritzes Kungl. Hovbokhandel,
Box 16356, S 103 27 STH,
Regeringsgatan 12,
DS Stockholm   Tel. (08) 23.89.00
Subscription Agency/Abonnements:
Wennergren-Williams AB,
Box 30004, S104 25 Stockholm Tel. (08)54.12.00

SWITZERLAND - SUISSE
OECD Publications and Information Centre,
4 Simrockstrasse,
5300 Bonn (Germany)   Tel. (0228) 21.60.45
Librairie Payot,
6 rue Grenus, 1211 Genève 11
Tel. (022) 31.89.50
United Nations Bookshop/Librairie des Nations-
Unies
Palais des Nations,
1211 – Geneva 10
Tel. 022-34-60-11 (ext. 48 72)

TAIWAN - FORMOSE
Good Faith Worldwide Int'l Co., Ltd.
9th floor, No. 118, Sec.2
Chung Hsiao E. Road
Taipei   Tel. 391.7396/391.7397

THAILAND - THAILANDE
Suksit Siam Co., Ltd., 1715 Rama IV Rd.,
Samyam Bangkok 5   Tel. 2511630
INDEX Book Promotion & Service Ltd.
59/6 Soi Lang Suan, Ploenchit Road
Patjumamwan, Bangkok 10500
Tel. 250-1919, 252-1066

TURKEY - TURQUIE
Kültur Yayinlari Is-Türk Ltd. Sti.
Atatürk Bulvari No: 191/Kat. 21
Kavaklidere/Ankara   Tel. 25.07.60
Dolmabahce Cad. No: 29
Besiktas/Istanbul   Tel. 160.71.88

UNITED KINGDOM - ROYAUME-UNI
H.M. Stationery Office,
Postal orders only: (01)211-5656
P.O.B. 276, London SW8 5DT
Telephone orders: (01) 622.3316, or
Personal callers:
49 High Holborn, London WC1V 6HB
Branches at: Belfast, Birmingham,
Bristol, Edinburgh, Manchester

UNITED STATES - ÉTATS-UNIS
OECD Publications and Information Centre,
2001 L Street, N.W., Suite 700,
Washington, D.C. 20036 - 4095
Tel. (202) 785.6323

VENEZUELA
Libreria del Este,
Avda F. Miranda 52, Aptdo. 60337,
Edificio Galipan, Caracas 106
Tel. 951.17.05/951.23.07/951.12.97

YUGOSLAVIA - YOUGOSLAVIE
Jugoslovenska Knjiga, Knez Mihajlova 2,
P.O.B. 36, Beograd   Tel. 621.992

Orders and inquiries from countries where
Distributors have not yet been appointed should be
sent to:
OECD, Publications Service, 2, rue André-Pascal,
75775 PARIS CEDEX 16.

Les commandes provenant de pays où l'OCDE n'a
pas encore désigné de distributeur doivent être
adressées à :
OCDE, Service des Publications. 2, rue André-
Pascal, 75775 PARIS CEDEX 16.

71784-07-1988

OECD PUBLICATIONS, 2, rue André-Pascal, 75775 PARIS CEDEX 16 - No. 44587 1988
PRINTED IN FRANCE
(24 88 03 3) ISBN 92-64-03143-X